TRANSP▲RENT

Band 57

V&R

Dr. med. *Sigrid Wilms*, geb. 1938, Fachärztin für Psychiatrie, ist seit etlichen Jahren aufgrund einer Depressionserkrankung nicht mehr berufstätig. Vorher hat sie in psychiatrischen Landeskrankenhäusern gearbeitet, zuletzt mehrere Jahre in der Kinderabteilung.

Dr. med. *Ute Jarmer*, geb. 1932, Fachärztin für Psychiatrie, ist Lehranalytikerin am C.G. Jung-Institut Zürich und Oberärztin in der Psychiatrischen Klinik »Schlössli« in Oetwil/Schweiz.

Sigrid Wilms / Ute Jarmer

Schwarzer Vogel Depression

Die Entwicklung einer Depression und ihre Heilung

Mit 3 Abbildungen

Vandenhoeck & Ruprecht
in Göttingen

Die Deutsche Bibliothek – CIP-Einheitsaufnahme

Wilms, Sigrid:
Schwarzer Vogel Depression :
die Entwicklung einer Depression und ihre Heilung /
Sigrid Wilms / Ute Jarmer. –
Göttingen : Vandenhoeck & Ruprecht, 1999
(Transparent ; Bd. 57)
ISBN 3-525-01735-9

Umschlaggestaltung: Rudolf Stöbener

Printed in Germany
Schrift: Palatino
Satz: Text & Form, Pohle
Druck und Bindung: Hubert & Co., Göttingen

Gedruckt auf chlor- und säurefreiem Papier

Inhalt

Zwei Schwestern, beide Fachärztin für Psychiatrie, schreiben für Nichtärzte über die in abgegrenzten Zeiträumen verlaufende schwere Depression. Sie möchten damit helfen, Vorurteile durch Wissen zu ersetzen und Scham- und Schuldgefühle zu beseitigen. Vorurteile über diese Krankheit haben die Menschen der Umgebung, aber auch der oder die Depressive selbst; mit Scham- und Schuldgefühlen muß der Kranke jedoch allein kämpfen. Er fühlt sich mitschuldig an seiner Freudlosigkeit, seinem Antriebsmangel und seiner Lebensverneinung, und er schämt sich, wenn er sich eingestehen muß, daß er sich nicht mehr selbst helfen kann. Wenn er aber weiß, daß er an einer schweren Krankheit leidet, kann er leichter Hilfe von außen annehmen.

Der erste Teil dieses Berichts behandelt die Entwicklung von der Kindheit bis zu der schweren Depressionserkrankung im späten Erwachsenenalter der einen Schwester.

Dann folgt der medizinische Kommentar über die Krankheit Depression; er wurde von der anderen Schwester verfaßt. Sie hat versucht, ihn so einfach wie möglich zu formulieren. Das ist schwierig, denn die medizinischen Fakten sind kompliziert und teilweise widersprüchlich. Dazu kommt, daß manchmal Glaubenskriege geführt werden zwischen den Anhängern der biologischen und der psychogenen Verursachung von Depressionen, das heißt darüber, ob sie angeborene Hirnstoffwechselstörungen oder ob sie seelisch verursacht sind. Diese Kluft kann weitreichende Folgen haben und bewirkt im Extremfall, daß von Anhängern des biologischen Modells nur Antidepressiva verordnet werden, während die des psychogenen Modells Medikamente ablehnen und nur psychotherapeutisch behandeln. Dann wird zum Schaden des Depressiven nicht beides angewandt.

Wer eine schwere Depression hat, kann nicht mehr selbständig handeln. Nahestehende Menschen müssen ihn deshalb zum Psychiater bringen, und sie müssen viel über die Krankheit Depression wissen, um beurteilen zu können, ob die Behandlung richtig und intensiv genug ist. Wenn ein schwer Depressiver sich etwa jahrelang zu einer Psychotherapie schleppt oder ein anderer ausschließlich eine viel zu niedrige Dosis eines antidepressiven Medikaments erhält, dann wird er falsch behandelt.

Dieser Bericht wurde deshalb nicht nur für die Betroffenen selbst, sondern auch für alle geschrieben, die Depressive betreuen: für Angehörige, Freunde und Freundinnen, Lehrerinnen und Lehrer, Sozialarbeiterinnen, Pfarrer und Pfarrerinnen, Erzieherinnen.

Depressive müssen gefragt werden, ob sie ihren Tod planen. Wenn sie es bejahen und die Betreuung zu Hause nicht lückenlos sein kann, müssen sie aufgrund der Gefahr für ihr Leben in eine psychiatrische Klinik gebracht werden. Nach der depressiven Phase werden sie sich oft wieder ihres Lebens freuen können, sogar bewußter und dankbarer als vorher.

Auch am Ende des 20. Jahrhunderts bestehen noch immer Vorurteile gegen psychiatrische Krankenhäuser, obwohl sie Kliniken wie alle anderen auch sind. Es gibt nicht einen einzigen Grund zur Scham, wenn eine seelische oder geistige Erkrankung die Einweisung in ein psychiatrisches Fachkrankenhaus erfordert. Dort werden Depressive meist sogar intensiver und verständnisvoller betreut als etwa körperlich Schwerkranke auf einer chirurgischen Station; sie werden ganz sicher nicht, wenn sie sterben müssen, in einen Abstellraum geschoben, wenn sie als »austherapiert« gelten, nachdem sie vorher mit diagnostischen Eingriffen und Apparaten gequält wurden – was heutzutage keine Seltenheit ist.

Wie wir etwas benennen, hat Folgen. Das Wort »Selbstmord« sollte bei einem Depressiven nie mehr benutzt werden, sondern statt dessen »Suizid«, was Selbsttötung bedeutet. Denn Mord ist eine vorsätzliche, heimtückische Handlung, die aus freiem Willen begangen wird. Nichts davon trifft auf die Qual des Depressiven zu, der sein Leben nicht mehr ertragen kann.

Es ist noch nicht lange her, daß »Selbstmörder« kein christliches Begräbnis bekamen und sie außerhalb der Friedhofsmauern unter die Erde gebracht wurden.

Es ist wirklich an der Zeit, mit allen unseren Vorurteilen psychisch Kranken gegenüber aufzuräumen.

Lebensbericht

Mit meiner Lebensbeschreibung möchte ich deutlich machen, wie aus einer depressiven Entwicklung in der Kindheit eine schwere, in Phasen verlaufende Depression entstehen kann.

Ich bin sechzig Jahre alt und seit zwei Jahren verwitwet. Ich habe zwei Töchter. Von Beruf bin ich Ärztin für Psychiatrie, seit zwölf Jahren aber nicht mehr berufstätig.

Ich benutze keine Fachsprache, denn dieser Bericht richtet sich an Kranke und ihre Angehörigen, an die, die bedroht sind, krank zu werden, und an Menschen, die in sozialen Berufen tätig sind.

Der Anteil Depressiver in der Bevölkerung ist hoch. Ich möchte helfen, die Krankheit Depression zu erkennen und den Weg zu ihrer Heilung zu zeigen, denn sie ist ein furchtbares und lebensgefährliches Leiden.

Ich meine mit Depression keine tiefe Trauer, keine Frustrationen, Niedergeschlagenheit oder Hoffnungslosigkeit. So schrecklich dies alles ist – und es bleibt kein Mensch im Lauf seines Lebens davon verschont – so liegt doch keine Krankheit vor. Daß die Depression etwas vollkommen anderes ist, möchte ich zu Beginn dieses Berichtes an meiner letzten, schwersten Phase aufzeigen.

Die Lebensgeschichte, die ich danach skizziere, soll verdeutlichen, warum ich krank wurde. Sie wäre nicht der Rede wert, wenn sie nicht zeigen könnte, daß eine Depression kein unabwendbares Schicksal sein muß. Wenn Säuglinge ausreichend geliebt werden, haben sie

11

als Erwachsene die Sicherheit einer selbstverständlichen Lebensberechtigung. Sie können handeln, ohne sich übermäßige Leistungen abzuverlangen. Weil sie überzeugt sind, liebenswert zu sein, brauchen sie nicht ihr Leben lang nach Liebe und Anerkennung zu suchen. Ich glaube, diese Menschen werden nicht depressiv. Mich aber quälten die Zweifel über den eigenen Wert so sehr, daß ich nicht achtsam mit mir umgehen konnte und schließlich krank wurde.

Aus einem ängstlichen Kind wurde eine selbstunsichere Erwachsene, der zu viel aufgeladen wurde, weil sie sich nicht wehren konnte. Als sie am Ende ihrer Kräfte war, brach eine Depression aus, die nachvollziehbare Gründe hatte und die man als *reaktive Depression* bezeichnen kann. Für die folgenden depressiven Phasen ließen sich jedoch keine auslösenden Anlässe mehr finden; sie traten aus vollem Wohlbefinden auf und wurden immer schwerer.

Meine letzte depressive Phase begann vor fünf Jahren beim Einkaufen in einem Supermarkt. Bis kurz zuvor war ich aktiv und ausgeglichen gewesen. Ganz plötzlich fühlte ich mich isoliert von dem lauten Leben ringsum. Es war, als würden die Farben verblassen, der Lärm lauter. In großer Angst fuhr ich nach Hause. Ich glaube, es war wieder, wie bei den früheren Depressionen, Juni, mein Lieblingsmonat. Mir war sehr schwer zumute, auch körperlich. Nur mit Mühe konnte ich noch mein Zimmer verdunkeln und mich im Bett verkriechen.

Der Schrecken dieser Krankheit wird dadurch noch vergrößert, daß sie sich nicht beschreiben läßt. Sie entzieht sich den Ausdrucksmöglichkeiten. Selbst wenn seelisch Gesunde einen körperlichen Schmerz beschreiben wollen, suchen sie nach Worten; und niemand, dem dieser Schmerz beschrieben wurde, hat ihn je wirklich nachfühlen können. Für die Not des psychisch Kranken gibt es keine Worte. Das Elend kann nur mit Vergleichen umschrieben werden und trifft doch nie das unvergleichlich Quälende richtig.

Ich konnte mich kaum noch bewegen, es war wieder, als würde mein Brustkorb von eisernen Ringen eingeschlossen. Ein unsagbares Grauen überfiel mich, weil ich wußte, daß die Krankheit zurückgekehrt war. Alle Not brach wieder über mich herein. Ich nahm wahr, daß ich mit Kleidern und Schuhen im Bett lag, daß mein Mann mir helfen wollte, daß die Vögel draußen sangen, konnte aber nicht mehr sprechen oder handeln.

Wie lange mußte ich dieses Mal die Qual ertragen? Ich konnte nicht mehr essen und nicht mehr schlafen. Mir graute und ekelte vor mir selbst. Mit großer Anstrengung habe ich mich aber noch allein gewaschen, weil ich nicht wollte, daß sich ein anderer Mensch vor mir ekeln mußte; Selbsthaß und Selbstekel waren schon übergroß.

Sekunden, Minuten und Stunden schlichen dahin. Mein Zimmer, das ich früher mit den Büchern, Bildern und Andenken von schönen Reisen sehr geliebt hatte, war mir fremd geworden, ja, eine Fremde sah fremde Gegenstände an. Die einzige Erleichterung war, daß ich in meinem Bett bleiben durfte und niemand mich überreden wollte, mich abzulenken.

Wie soll ich dieses Entsetzen nur beschreiben? Im Käfig meines Elends war ich ohne Tränen und ohne Sprache, von jeder menschlichen Bindung abgeschnitten und unendlich einsam. Wenn mein Mann bei mir saß und mit mir sprach, wollte ich lieber allein sein; hörte ich aber seine Schritte auf dem Flur und kam er nicht zu mir, sehnte ich ihn herbei und nahm sein Vorbeigehen als Beweis, daß ich es nicht wert war, sich um mich zu kümmern.

Denn davon war ich wie bei den früheren Depressionen überzeugt: daß ich nichts wert war und für die Familie und meine Freunde eine Last. Wer kann den lieben, der sich selbst verachtet? Um diesen Punkt kreisten die Gedanken voller Unruhe und Angst. Wer konnte diese Qual beenden, wer anders als der Tod? Mit aller Kraft habe ich mich gegen die Todessehnsucht gewehrt. Ich habe mich gezwungen, an die Töchter zu denken. Auch sie würden dunkle Zeiten erleben, und vom Suizid ihrer Mutter könnte ein Sog ausgehen, Probleme auf diese Weise zu lösen. Wie konnte ich eine so große Schuld auf mich laden? Das Leben, das nur Gott geben und nehmen kann, war mir heilig gewesen. Ich wußte, wieviele Menschen leben wollen und es nicht mehr können, weil sie krank, verhungert, gefangen sind, weil sie gefoltert, totgeschlagen, ertränkt, verschüttet, erschossen, erstickt werden. Ich haßte mich wegen meiner Todessehnsucht und wurde noch tiefer hineingezogen. In der Maserung meiner Schranktür sah ich den «Schrei», das Bild vom Munch, auf dem ein Mensch allein auf einer Brücke voll Schmerz und Entsetzen schreit und sich dabei die Ohren zuhält. So wollte ich schreien, blieb aber eingekerkert und stumm.

Ich dachte an meinen Mann, unsere Freunde, meine Lebensfreude früher, an den Hund und den Garten – unabweisbar, wahnhaft festigte sich die Überzeugung, daß ich mich töten müßte, um Ruhe zu finden vor der Gewißheit vollkommener Wertlosigkeit.

Jetzt war ich nicht mehr verzweifelt, jetzt wußte ich einen Ausweg. Ich hatte genug Medikamente aufbewahrt und kannte einen versteckten See, wo mich nachts niemand stören würde. Die Schlafmittel brauchte ich, um mich nicht gegen das Ertrinken zu wehren. Sicherer wäre es, mich zu erhängen oder von einem Hochhaus zu springen, aber dazu fehlte mir der Mut. Mit dem Plan, mich zu ertränken, fand ich Ruhe, sogar so etwas wie Zuversicht, denn die Nacht würde ein Ende haben.

Die Töchter lebten nicht mehr bei uns und kamen eines Tages gemeinsam, um einen Krankenbesuch zu machen. Es war ein warmer Sommernachmittag, und ich hörte aus dem Garten leise das Gespräch mit ihrem Vater. Häufig wurde gelacht, und ich wartete sehnsüchtig darauf, daß sie zu mir hoch kommen würden. Aber sie kamen nicht, und ich hörte nur aus der Entfernung immer wieder ihr Lachen und Fetzen ihres lebhaften Gesprächs. Ich wartete und wartete, und als mir der Schmerz unerträglich wurde, lief ich hinunter und wollte mich wehren, weil sie mich isolierten und verließen, aber es kam nur ein tränenloses, animalisches Krächzen heraus, so abstoßend, daß ich es nie vergessen werde. Ein Mensch, vollgefüllt mit ungeweinten Tränen. Die Krankheit ist unsagbar grausam. Aber ich verstand gleichzeitig, wie sehr sich meine Familie vor diesem Leiden fürchten mußte.

Ein Depressiver ist ernst und starr. Er ist unendlich weit von Lachen und Humor entfernt, die doch Ernstes relativieren und das Leben leichter und heller machen. Ja, todernst geht es in der Depression zu, und Lachen und Fröhlichkeit sind wie aus einem fremden, fernen Land. Meine Welt war dunkel und schwer, wie eine Wüste bei Nacht, steinig, ohne Tiere, Bäume und Blumen, undurchdringlich schwarz ohne Mond und Sterne. Die Nacht war undurchdringlich, dunkel, kalt und still, menschenfeindlich und trostlos. Aber auch der Vergleich einer Wüste bei Nacht umschreibt meinen Zustand nicht. Eher war es ein Einbrechen der Erde, vielleicht ein Leben in der Unterwelt, gottverlassen, ohne

Mitgeschöpfe, ohne jeden Laut in vollständiger Finsternis, unheimlich, rätselhaft und voller Schrecken.

Meine Familie erklärte nach meinem Verzweiflungsausbruch, daß sie Pläne gemacht habe, wie mir zu helfen, sei und daß sie ganz sicher gekommen wäre, um mit mir zu sprechen. Aber sie habe natürlich auch von sich erzählt und sei vergnügt gewesen. So stand ich da in meiner Erbärmlichkeit wie ein Richter, der Fröhlichkeit bestraft, denn durch meine Anwesenheit war auch meiner Familie das Lachen vergangen. Mir war das alles bewußt, und es verstärkte noch den Selbsthaß, die Verachtung und den Ekel vor mir.

An einen Abschiedsbrief habe ich nie gedacht. Meine Familie und die Freunde brauchten keine Begründung für meine Selbsttötung, denn es wäre doch für alle nur eine Erleichterung, wenn es mich nicht mehr gäbe, so übermächtig war mein Wahn. Und wie sollte ich meinen Angehörigen für ihre Fürsorge und Liebe danken? In der Wüste der Depression gab es keine Liebe mehr, und sie schien für immer verloren.

Aber so etwas wie Rücksichtnahme war mir dennoch möglich, als ich den Plan verwarf, mich in unserem Gartenteich zu ertränken. Mit dem Auto zu einem entfernten See zu fahren, dort erst die Schlafmittel einzunehmen und auf den Beginn ihrer Wirkung zu warten, machte den Plan komplizierter, denn alles dauerte länger, und ich hätte doch gestört werden können – aber meiner Familie wäre es vielleicht unmöglich geworden, in einem Haus und Garten zu wohnen, in dem meine Leiche gefunden worden war.

Wie bei den vorangegangenen Phasen rief mein Mann in seiner Not wieder meine Schwester an. Sie arbeitet in eigener Praxis als Jungsche Analytikerin. Sie wohnt tausend Kilometer von uns entfernt und kam sofort. Sie machte eine Art Schlafkur mit mir, und meine ängstliche Unrast, eingekerkert in einen fast unbeweglichen Körper, fand damit ein Ende. Nachts und tags konnte ich viele Stunden der Qual verschlafen. Sie saß still an meinem Bett, geduldig und zuversichtlich, überzeugt, daß ich wieder gesund werden würde. Ich kann es nicht erklären, warum mir ihre selbstlose Anwesenheit geholfen hat, denn ich war ja wahnhaft überzeugt, daß mein Leiden nie zu Ende sein würde.

Sie hat mein antidepressives Medikament stark erhöht, aber vor allem hat sie mich nicht aus den Augen gelassen. Ohne sie hätte ich in eine psychiatrische Klinik eingewiesen werden müssen, weil ich sehr suizidgefährdet war. Aber ich wollte zu Hause bleiben, denn ich hatte große Angst vor dem Leid der Mitpatienten. Durch das Medikament löste sich langsam die Starre, ich konnte wieder mehr essen und stand für kurze Zeit auf. Aber noch wochenlang war ich teilnahmslos und fast stumm, jedoch die Gedanken an meinen Tod und die Pläne, wie er durchzuführen sei, traten in den Hintergrund. Die Todesgedanken waren zwar immer noch eine Art Trost für den Fall, daß das Leben wieder unerträglich werden könnte, aber sie verloren ihre wahnhafte Unabweisbarkeit und Macht. Monatelang wichen Selbstzweifel, Menschenscheu, Antriebsmangel und Leistungsunfähigkeit nicht. Schließlich jedoch konnte ich wieder am Leben teilnehmen, und irgendwann kehrte sogar die Lebensfreude zurück.

Um zu zeigen, wie es zu dieser schweren, lebensbedrohenden Krankheit kam, muß ich bis in meine früheste Kindheit, vielleicht sogar bis in die Zeit der Schwangerschaft zurückgehen.

Ich glaube, vom Beginn meines Lebens an habe ich mir alles übermäßig zu Herzen genommen. Wie äußer-

lich meine dünne Haut, wird eine große seelische Ver-
letzlichkeit angeboren gewesen sein, denn meine drei
Geschwister sind nicht depressiv, obwohl sie die gleiche
überlastete Mutter hatten und früh ohne Vater aufwuchsen.

Ich wurde als viertes von fünf Kindern geboren.
Mein Vater war Jurist, meine Mutter Sozialarbeiterin. Sie
war eine starke Persönlichkeit, eine schöne, kluge, kulti-
vierte und sportliche Frau. Von der Meinung anderer
war sie vollkommen unabhängig. Sie war sehr nüchtern
und machte sich keine Illusionen über die menschliche
Natur. Wie mein Vater war sie nicht in der Nationalso-
zialistischen Partei und verfluchte den Krieg. Als mein
Vater wußte, daß er den Krieg nicht überleben würde,
mußte sie ihm bei seinem letzten Heimaturlaub verspre-
chen, in seiner Todesanzeige den üblichen Wortlaut zu
ändern, denn für den »Führer« würde er nicht sterben.
Meine Mutter hielt sich daran, was nicht ganz ungefähr-
lich war. Über ihr »Mutterkreuz«, das Frauen mit mehr
als vier Kindern verliehen wurde, lachte sie nur verächt-
lich.

Verwandte, Bekannte und Nachbarn holten sich bei
ihr Rat und schütteten ihr Herz aus, weil sie verschwie-
gen war und sich nicht abfällig über andere äußerte. Sie
war freigebig mit Geld – wenn sie etwas hatte, was viel
zu lange nicht der Fall war. Sie war großzügig in jeder
Beziehung und hatte einen guten Geschmack. Ihre
glückliche Ehe dauerte zehn Jahre; 1941 starb mein Vater
in Leningrad. Meine Mutter hat um ihn unendlich ge-
trauert. Ich war drei Jahre alt, und in meiner Erinnerung
lief sie tagelang weinend vor dem Bild meines Vaters
auf und ab. Ich hatte Fieber, und damit ich nicht allein
war, lag ich in diesem Zimmer. Meine schöne Mutter in
einem schwarzen Kleid tagelang weinend und die Hän-

de ringend ruhelos hin- und herlaufend – noch jetzt beim Schreiben tut mir das Herz weh.

Unser toter Vater wurde dann in den Himmel gehoben; jeden Abend beteten wir für ihn, und ich sah ihn oben vom Himmel traurig auf uns herabblicken mit der stummen Mahnung an uns Kinder, unserer lieben Mutter nur Freude zu machen.

Die Schwester, die vor mir geboren wurde, war schwerst geistig und körperlich behindert. Sie starb in einer psychiatrischen Klinik, vielleicht als Opfer der Euthanasie; Lungenentzündung wurde als Todesursache angegeben. Meine Mutter hat diese Schwester mir gegenüber nie erwähnt, aber schon als kleines Kind wußte ich von ihr.

Sie ist vielleicht eine Erklärung für meine übermäßige Ängstlichkeit. Mit welchen Befürchtungen wird meine Mutter die folgende Schwangerschaft mit mir erlebt haben. Ich war dann zwar gesund, aber immer voller Angst. Hatten sich die Ängste meiner Mutter auf mich übertragen, oder fürchtete ich, daß ich wie meine kranke Schwester weggegeben werden könnte?

Am quälendsten war die körperliche Unbeholfenheit und ängstliche Ungeschicklichkeit. Ich habe mich auf keine Wippe oder Schaukel getraut, bin auf keinen Baum geklettert, fürchtete mich vor Ballspielen und habe nicht Radfahren, Ski- oder Schlittschuhlaufen gelernt. Meine Geschwister konnten das alles, aber Geschwister sind wenig geeignet, Ängste überwinden zu helfen, und meine Mutter hatte keine Zeit.

Es war Krieg. Wir haben zwar viele Nächte im Keller verbracht, aber es fiel kaum eine Bombe auf unsere Stadt. Wir mußten nicht flüchten, und die Besatzungssoldaten waren Engländer, die der Zivilbevölkerung nichts antaten. Unser Haus quoll über von Flüchtlingen, aber wir wurden nicht heimat- und obdachlos. Jeder, der in der Nachkriegszeit in Deutschland lebte, weiß, wie groß die Not war. Aus der Gefangenschaft entlassene Soldaten, kahlgeschoren, zerlumpt und verhungert, suchten ihre Angehörigen. Die Schwestern meiner Mutter, die zu spät aus Schlesien geflüchtet waren, hatten unsägliche Grausamkeiten erlitten. Die Menschen waren abgemagert und niedergedrückt und wußten nicht, wie sie überleben sollten.

Es ist eine Gratwanderung zwischen Selbstmitleid und Selbstüberschätzung, wenn ich von meinem kindlichen Erleben in der Kriegs- und Nachkriegszeit erzähle, doch ich muß die Selbstzweifel überwinden, wenn ich deutlich machen will, daß mein Lebensgefühl damals durch Entbehrungen verschiedenster Art geprägt war.

Ich weiß aber wohl, daß andere Kinder, die in der Kriegs- und Nachkriegszeit aufwuchsen, unvergleichlich fiel Schlimmeres erlebt haben. Sie sahen ihre Eltern oder Geschwister sterben; sie hatten in den Bombennächten Todesängste ausgestanden, als um sie herum die Häuser in Schutt und Asche fielen. Andere waren monatelang auf der Flucht, und sie und ihre Familien besaßen nur noch, was sie auf dem Leib trugen. Damit verglichen war meine Kindheit behütet. Aber das Erleben vom Leid anderer, von Entbehrungen und Hunger hat mich tief getroffen, weil ich mich nicht abgrenzen konnte, zu dünnhäutig war.

Wie in jeder Kindheit gab es viele Anlässe zum Weinen. Eine Tante, die bei Hamburg lebte, nahm mich öfter mit zu sich. Als ich mit etwa acht Jahren die zerbombte Stadt sah – die Häuserwände und leeren Fensterhöhlen, unbewohnbar und ohne Tiere, Bäume und Blumen – weinte ich, zutiefst erschüttert vom Elend des Krieges. Aber sie nahm mich auch mit in die Staatsoper, die ihre

ersten Vorstellungen nach dem Krieg gab. Die »Zauber-
flöte«« wurde gespielt, und ich fühlte mich in den Himmel versetzt. Als die Königin der Nacht, erhöht auf ihrem Mondthron vor dem funkelnden Sternenhimmel,
ihre Arien sang, weinte ich lange, aufgewühlt durch die
Schönheit der Musik.

Mit ungefähr sieben Jahren sollte ich einmal Brot
vom Bäcker holen. Brot konnte man nicht kaufen, sondern man mußte es gegen Getreide eintauschen, das
meine Mutter und die älteren Geschwister auf abgeern-
teten Kornfeldern gesammelt hatten. Das Brot war ganz
frisch und roch so wunderbar, wie es auch heute noch in
Bäckereien duftet. Da habe ich es angebissen und konnte
erst aufhören, als ich satt war. Meine Mutter fragte mich
streng, warum ich ihr und den Geschwistern einen Teil
des Brotes weggegessen hätte. Ich sehe mich heute noch
weinend auf der Treppe sitzen, beteuernd, ich hätte
nichts von dem Brot gegessen. Keine Macht der Welt
hätte mich dazu gebracht, meine Gier einzugestehen,
und meine Mutter ließ zum Glück schließlich die Sache
auf sich beruhen, weil sie ja wußte, wie hungrig wir alle
waren. Denn nach Kriegsende konnte meine Mutter uns
nicht mehr ausreichend ernähren. Fischhäute wurden
aufgekocht, die Suppen bestanden aus Kornschrot und
Wasser, und Steckrüben oder Kohl ohne Fett oder gar
Fleisch wurden in großen Mengen gegessen.

In dieser Hungerzeit, 1945 oder 1946, wurden mein
zwei Jahre jüngerer Bruder und ich für sechs Wochen in
ein Kinderheim auf die Insel Amrum geschickt. Hier
habe ich vor Heimweh viel geweint. Dieses Heim wurde
von einer amerikanischen christlichen Organisation un-
terhalten, um bedürftige deutsche Kinder zu versorgen.
Mir steht noch alles klar vor Augen, was wir dort erlebten, so unglaubhaft es auch scheinen mag. Wir wurden

wie Mastgänse gehalten, weil wir alle an Gewicht zunehmen sollten. Bei der Anfangsuntersuchung mußten wir uns nackt ausziehen, damit der Grad unserer Unterernährung schriftlich festgehalten werden konnte. Ich sehe noch meinen kleinen Bruder, wie er da zitternd vor Kälte mit seinem aufgeblähten Bauch und seinen dünnen Armen und Beinen stand. Weil er manchmal noch einnäßte, mußte er morgens zur Strafe den vollen Urineimer aus dem Jungenschlafsaal ausleeren. Auch darüber weinte ich, denn der Eimer war sehr schwer, und er war der Kleinste von allen.

Es gab viel zu fettes Essen, vor allem mit Butter angereicherte Milchsuppe. Als meine Tischnachbarin einmal die Suppe erbrach, mußte sie das Erbrochene wieder essen. Die Spaziergänge zum Strand waren nur kurz, wir mußten uns dabei anfassen – eine langsame, lange Kolonne verängstigter Kinder. Beim Mittagsschlaf und nachts durften wir uns nicht im Bett umdrehen. Als ich das Stilliegen einmal nicht mehr aushalten konnte, mußte ich zur Strafe zwei Stunden in der Ecke stehen, eine Erfahrung großer Demütigung.

Aber gebetet und gesungen wurde viel. Die Lieder waren sehr fromm und auch schön, aber ich konnte vor lauter Tränen nicht mitsingen, und niemand durfte das Weinen bemerken.

Wenn auch das Heim aus amerikanischen Geldern finanziert wurde, so waren die Frauen, die uns versorgten, Deutsche. Es würde mich nicht wundern, wenn es frühere KZ-Aufseherinnen waren, die in dem Kinderheim untertauchen wollten.

Manche Kinder wurden von ihren Eltern besucht, aber meine Mutter hatte dafür kein Geld. Die Mutter eines Mädchens nahm mich öfter zu Strandspaziergängen mit, weil sie meine Verlassenheit und mein Heimweh spürte. Nach unserer Rückkehr holte uns aber unsere Mutter vom Bus ab und hatte irgendwo zwei Lutscher für uns aufgetrieben. Als ich abends in meinem Bett lag und mich darin so viel bewegen konnte, wie ich wollte, fehlte nichts mehr, um glücklich zu sein.

Meine Mutter hat mich nicht gestillt, ihr wurde davon abgeraten, weil sie sehr geschwächt war durch die drei Geburten vor mir, die schnell aufeinander erfolgt waren. Wie meine Geschwister wurde auch ich nach der Uhr ernährt. Hatten wir vor der festgesetzten Zeit Hunger, so mußten wir bis dahin schreien. Meine Eltern waren auch der Überzeugung, daß die kindliche Seele Ruhe braucht; deshalb wurden wir in den Garten geschoben und erst aus dem Kinderwagen gehoben, wenn wir trinken sollten. Die Trinkmenge wurde nach einem vorgegebenen Schema ausgerechnet. Es war früher üblich, Säuglinge so zu behandeln, und meine Eltern waren – wie wir auch – Kinder ihrer Zeit.

Ich glaube, daß die Bedeutung, die das Essen für Kinder hat, nicht hoch genug eingeschätzt werden kann. Ein Mangel in früher Kindheit wird das Urvertrauen beeinträchtigen insofern, als die Erfahrung von Gesättigtwerden, von Fülle und Überfluß, von Nehmendürfen ohne Gegengabe nicht mehr als selbstverständlich angenommen werden kann.

Nach dem Krieg konnte in unserem Haus nur das Wohnzimmer geheizt werden, weil es kaum Brennmaterial gab. Hier stand auch mein Bett, warum, weiß ich nicht mehr – die übrige Familie schlief in eiskalten Räumen. Alles spielte sich in dem einzig warmen Zimmer ab. Meine älteren Geschwister, die in der Pubertät waren, bekamen abends noch ein Stück Brot mit Sirup extra. Jeden Abend wartete ich auf diese »Festmahlzeit«, von der ich ausgeschlossen war. Ich stellte mich schlafend, und das Weinen mußte unhörbar sein. Noch heute kann ich die Traurigkeit, den Hunger und die Isolierung spüren.

Als ich etwa zehn Jahre alt war und einmal aus dem Schullandheim zurückkam, war bei uns der Tisch festlich gedeckt. Es gab aus der Vorkriegszeit noch schöne Dinge in unserem Haushalt wie geschliffene Weingläser, Rosenthal-Geschirr und feine Tischwäsche. Ich war glücklich, denn ich dachte, meine Mutter hätte aus Freude über meine Rückkehr alles so schön gemacht. Aber eine Freundin aus ihrer Kindheit war zu Besuch. Ich habe mich verkrochen und geweint und wollte nicht mitessen. Aus der Not machte ich dann eine Tugend und wurde überbescheiden. Wenn ich gefragt wurde, ob ich etwas haben wollte, sagte ich eine Zeitlang: »Ja bitte, wenn ich darf«, wofür mich meine Geschwister natürlich auslachten.

Meine Mutter begann in unserem Garten eine Hühnerzucht; sie hatte zwei große Schrebergärten und mästete zeitweise ein Schwein. Sie fuhr mit meinen älteren Geschwistern zum Torfstechen, Ährensammeln und Kartoffelbuddeln. Den ganzen Sommer über weckte sie Obst und Beeren aus den Gärten ein, sie rodete Baumwurzeln und hackte Holz. Sirup wurde eingekocht und Sauerkraut in großen Steintöpfen eingesalzen. Der Hunger hatte ein Ende.

Sie pflegte über Jahre ihre Schwester, die bei einem Tieffliegerangriff auf einen Bus mit Frauen und Kindern nur gerade überlebt hatte. Und sie wusch, kochte, backte und putzte, und nachts nähte sie Kleidung für uns und sogar für unsere Puppen und Teddys.

Nach der sogenannten Währungsreform ging es dann vielen Menschen besser. Bei uns aber reichte das Geld nur bei äußerster Einschränkung; die Pension war zu klein, weil mein Vater so jung gestorben war. Das ganze Jahr über legte meine Mutter kleinste Geldsummen zurück, damit sie im Herbst die Kohlenrechnung bezahlen konnte. Wenn wir Kinder in das Schullandheim fuhren, bekamen wir als Bedürftige eine Ermäßigung, was meinen Stolz sehr kränkte.

Als kleines Schulkind war ich brav, fleißig und unproblematisch. Ich ging gern zur Schule, und es wäre mir nie in den Sinn gekommen, Hausaufgaben nicht oder unordentlich zu machen. Aber ich hatte einen Hautausschlag, der jeden Sommer wiederkam und stark juckte; ich kratzte so lange, bis die Haut blutete. Dann kamen Furunkel dazu, die sehr schmerzhaft waren und ohne Betäubung aufgeschnitten wurden. In solchen Zeiten hat sich meine Mutter viel um mich gekümmert; daß die Haut sich aber über mangelnde Zärtlichkeit «beklagte», wäre ihr nie in den Sinn gekommen.

Lange knabberte ich die Fingernägel ab. Ich weiß noch, wie sehr es meinen Schönheitssinn kränkte, so häßliche Finger zu haben. Auch habe ich seit meiner Kindheit blaue Hände, und mir ist, außer in heißen Sommern, immer kalt. Ich war linkisch und gehemmt und konnte meine Hände nicht geschickt benutzen, das heißt, ich konnte nicht angemessen *handeln*.

Im Alter von neun oder zehn Jahren fing ich an zu stehlen; nicht so, wie es viele Kinder tun, die kleinere Beträge aus den Portemonnaies ihrer Mütter entwenden, sondern wirklich massiv. Ich gab das gestohlene Geld in aller Heimlichkeit für mich allein aus und kaufte mir die süßesten Süßigkeiten, die es gab, und schlang sie in mich hinein.

Als meine Mutter davon erfuhr, war sie außer sich und schlug mich furchtbar. Sie drohte, mich in ein Heim für schwer erziehbare Kinder zu geben. Sie hatte keine

Erklärung dafür, daß ihr braves Kind zu einer Diebin geworden war, und ich konnte mir die Diebstähle genauso wenig erklären. Daß ich mich trösten mußte und auf mich aufmerksam machen wollte, weil ich zu viel allein und unbeachtet war – wie hätte ich das als Kind verstehen können? Aufmerksamkeit hatte ich mir auf diese schreckliche Weise erzwungen, aber der Preis dafür war hoch, denn ich erlebte es wie einen Weltuntergang, nicht mehr das liebe Kind zu sein, das seiner Mutter nur Freude machte. Ich liebte meine Mutter über alles. Um ihr das Leben nicht noch schwerer zu machen, als es schon war, versuchte ich von jetzt ab mit allen Kräften, ihr keine Sorgen mehr zu machen.

Sie schickte mich in einen Kirchenchor, und das Singen wurde eine Quelle großer Freude. Ich fand dort Freundinnen, die nicht rivalisierten, sondern an der Musik und am Gottesdienst interessiert waren.

Ich glaube, ich war als kleines Kind viel allein. Meine älteren Geschwister wollten natürlich nicht mit uns viel Jüngeren spielen, und mein jüngster Bruder konnte mich in seiner wilden Jungengruppe nicht gebrauchen. Die gleichaltrigen Mädchen spielten Völkerball oder Springtau und wollten mich nicht gern dabei haben, weil ich ängstlich und ungeschickt war.

Aber neben uns wohnte ein Junge in meinem Alter, der von den anderen Kindern gehänselt wurde. Seine Mutter war gestorben, und seine viel ältere Schwester paßte nur unwillig auf ihn auf. Da stand er weinend hinter dem verschlossenen Gartentor und leckte Rotz und Tränen mit der Zunge auf. Wir haben viel zusammen gespielt. Sein Vater war alt und verbittert, streng und schweigsam. Aber er liebte seinen Garten, der verwunschen und wunderschön war. Es gab sogar ein großes Vogelhaus mit vielen Singvögeln, doch haben mich schon als kleines Kind gefangene Vögel traurig gemacht. In den Beeten durften wir nicht spielen, aber er nahm uns manchmal an die Hand und zeigte uns seine Blumen.

Es gibt ein Photo, auf dem ich mit drei Jahren einen Krokus mit seiner Zwiebel vorsichtig in der Hand halte. Oft habe ich mich gefragt, ob meine Liebe zur Natur angeboren, ein Ersatz für fehlende menschliche Nähe oder ein Ausweichen vor Anforderungen von Menschen ist.

Häufig habe ich allein im Wald Blumen gepflückt. Ich kannte dort eine sumpfige Wiese, die zu den Gärten gehörte, die früher das Schloß umgaben. Da gab es vereinzelt ganz seltene prächtige Blumen, und ich verriet niemandem, wo ich sie gefunden hatte.

Tiere machten mir keine Angst. Hunde, Pferde, Kühe, Katzen, Vögel, aber auch Würmer, Käfer, Schnecken und Spinnen habe ich angefaßt und bewundert, und nie hat mich ein Tier bedroht oder gebissen. Aber mein Leben lang habe ich Hunde und Vögel am meisten geliebt.

In unserer Straße gab es einen zweiten Jungen, der von allen gehänselt wurde, weil er geistig behindert war. Mich schmerzte sein Ausgestoßensein, aber wenn ich auch als Kind nicht den Mut hatte, für ihn einzutreten, so war mein Mitgefühl für Benachteiligte auch damals schon groß – entweder weil ich selbst zu ihnen gehörte oder weil ich, dunkel geahnt, etwas gutmachen wollte an meiner ausgestoßenen, früh gestorbenen geistig behinderten Schwester.

In der Schule ging es jahrelang gut, abgesehen vom Sportunterricht; Schmerz und Kränkung waren tief, wenn bei Wettspielen Mannschaften gewählt wurden und ich als letzte übrigblieb. Ich konnte zwar gut schwimmen, aber Schwimmprüfungen, bei denen ein

Kopfsprung verlangt wurde, konnte ich nicht machen. Die Angst, mich ins Leere fallen zu lassen, war unüberwindlich, und es gab nie jemanden, der geduldig versucht hätte, Ängste zu mildern.

In der Vorpubertät hatte ich mich jahrelang viel in mein kleines Zimmer verkrochen, um zu lesen. Die Leihbücherei war kostenlos, und ich habe dorthin Berge von Büchern hin- und zurückgetragen. Bei einem Klassentreffen erzählte mir eine Mitschülerin, daß sie mich immer mit einem Einkaufsnetz in der Hand in Erinnerung hat, in dem ich entweder zusammengerolltes Badezeug oder viele Bücher mit mir herumtrug. Sie selbst konnte nicht schwimmen und durfte nicht lesen, weil sie ihren Stiefeltern im Haus und Garten helfen mußte.

Meine Mutter aber hat mich lesen und schwimmen lassen; sie verlangte selten, daß wir Kinder ihr in dem großen Haus und Garten mithalfen. Sie war sehr lernbegierig und förderte in jeder Weise unsere Wißbegier. Erst im Alter habe ich sie vertieft über Büchern sitzen sehen, vorher hatte sie keine Zeit dazu. Es wurde nicht ausgesprochen, aber sie erwartete von uns, daß wir alle das Abitur machen und studieren würden, so, wie mein Vater es sich für seine Kinder gewünscht hatte. Denn mein toter Vater war allgegenwärtig.

Zweimal gab es noch Schwierigkeiten mit mir, die sich in der Schule äußerten. Ich blieb ganz stumm, wenn ich aufgerufen wurde, und war von heißer Schamröte übergossen. Heute denke ich, daß ich in Tagträume versunken war, in denen ich mich beliebt, sportlich und hochintelligent sah, und es war die Diskrepanz zur Realität, die mir die Schamröte ins Gesicht trieb. Meine Mutter wurde in die Schule bestellt, und im Krankenhaus wurden ambulant verschiedene Untersuchungen gemacht, bei denen man natürlich nichts fand. Aber daß sich meine Mutter ernsthafte Sorgen machte, tat mir so wohl, daß ich vielleicht deshalb von diesen Tagträumen lassen konnte.

Die zweite Schulschwierigkeit trat kurz vor dem Abitur auf. Ich konnte bei Aufsätzen plötzlich nichts mehr aufs Papier bringen, und mit einer Fünf in Deutsch war ein Abitur nicht möglich. Die Deutschlehrerin, die ich sehr liebte, hat nach der Stunde mehrmals mit mir gesprochen – worüber, weiß ich nicht mehr –, sie hat ganz kurze Aufsätze akzeptiert und nicht zensiert, und plötzlich war alles wie ein Spuk vorbei.

Ich bin in einer prüden Zeit aufgewachsen. Sexualität war in meiner Jugend ein Tabu. Aufklärung gab es weder in der Schule noch im Elternhaus. Einige Kinder aber wußten viel und gaben ihr Wissen heimlich weiter, nur von Liebe und Zärtlichkeit war dabei keine Rede. Meine Mutter warnte mich manchmal in rätselhaften Andeutungen vor Männern, aber eine Hilfe war das nicht, höchstens insofern, als ich erfuhr, daß man leicht ein uneheliches Kind bekommen könnte. Und das war damals die größte Schande für ein Mädchen. Vielleicht hatten Mütter in dieser Zeit noch keine andere Wahl, als damit zu drohen, denn die Pille gab es noch nicht.

In der Pubertät war mir eine Loslösung von meiner Mutter noch ganz unmöglich; ich war wie ein Kleinkind von ihr abhängig und verloren ohne sie. Aber ich hatte meine heimlichen Träume. Mein liebstes Märchen war »Jorinde und Joringel«, ein wehmütiges und poetisches Märchen. Ich wollte wohl so innig geliebt werden wie Jorinde und – durch Joringels rote Blume erlöst – als Nachtigall aus meinem Käfig fliegen. Weltschmerz und Sehnsucht nach Liebe und Freiheit, das war mein Lebensgefühl in der Pubertät.

Mein liebstes Lied war: »Es saß ein klein wild Vögelein ...«, ein sehr altes Lied in Moll, in dem die letzten Zeilen heißen: »Ich bin ein klein wild Vögelein, und niemand kann mich zwingen.« Aber nur in meinen Träumen fühlte ich mich frei und unabhängig wie der wilde Vogel, der keine Anforderungen und Wünsche erfüllt; in der Realität war ich fügsam und anspruchslos.

Für liebenswert kann sich nur halten, wer als Säugling und Kleinkind ausreichend geliebt wurde. Fehlen aber Zärtlichkeit und Zuwendung in dem Maß, wie ich sie gebraucht hätte, so fehlen Zuversicht und Gewißheit, etwas wert zu sein. Mein brüchiges Selbstwertgefühl zwang mich zu noch festerer Anklammerung an meine Mutter, und weil sie ein braves Kind wollte, so versuchte ich, lieb und angepaßt zu sein und Wut und Enttäuschung nicht zuzulassen. Daß ich Wunden aufkratzte, an den Nägeln knabberte, stahl und Schwierigkeiten in der Schule hatte, empfand ich als mein Verschulden und meine Schlechtigkeit, und das Gefühl für den eigenen Wert wurde noch fragwürdiger. Um so mehr sehnte ich mich danach, von meiner Mutter geliebt zu werden. Nur in ihrer Nähe fühlte ich mich sicher, außerhalb der Familie war ich gehemmt, linkisch und kontaktscheu.

Ich möchte so ehrlich wie möglich über meine Entwicklung zur Depression hin schreiben, aber weil ich die Grenzen meines Schamgefühls nicht verletzen kann, wird viel Intimes ungesagt bleiben. Von den Verliebtheiten als junges Mädchen und der ersten großen, unerwiderten Liebe will ich nur so viel sagen, daß sie eine ungeahnte Steigerung des Lebensgefühls, ein bisher unbekanntes Selbstbewußtsein und großes Leid bedeuteten.

Nach dem Abitur studierte ich wie meine älteren Geschwister Medizin, obwohl mir naturwissenschaftliches Denken schwerfiel. Die Triebfeder für diese Berufswahl war Solidarität mit den Kranken und Schwachen; daß ich mich ihnen gegenüber aber als die Stärkere fühlen konnte, war mir unbewußt.

Wenn man nach jedem Semester eine Fleißprüfung machte oder seine Prüfungen mit guten Noten bestand, bekamen unbemittelte Studenten eine geringe Summe zum Lebensunterhalt, die nach dem Examen zurückgezahlt werden mußte. Das Geld für die Studiengebühren, für Lehrbücher und Kleidung verdienten wir uns in den Semesterferien. Ich arbeitete als Putzfrau, als Kellnerin und später ausschließlich in einer Gärtnerei.

Aus dieser Zeit stammt auch meine Achtung vor nichtakademischen Berufen und die Ablehnung des weit verbreiteten Akademiker-Dünkels. Nach einem Arbeitstag in der Gärtnerei konnte ich mich kaum noch auf den Beinen halten und ging erschöpft sofort ins Bett. Wenn die jungen Gärtner, die mir gegenüber nie Vorurteile zeigten, sich am Abend vor den Fernseher legten und die ganze lange Arbeitswoche nur an das Wochenende dachten, an dem sie zum Tanzen gehen und mit einer Frau schlafen wollten, verstand ich sie gut, denn die Arbeit war hart und der Lohn gering. Und eine Aussicht auf Verbesserung ihrer Situation hatten sie nicht.

Auch habe ich während des Studiums bei Menschen zur Untermiete gewohnt, die aus Geldmangel von ihren schon zu kleinen Wohnungen noch Zimmer an Studenten vermieten mußten. Trotz schwerster körperlicher Arbeit gehörten sie zu den Unterprivilegierten. Neuanschaffungen konnten sie nur auf Raten kaufen und bezahlten dabei oft doppelt so viel wie etwa ein Teppich, ein Fernseher oder Sofa bei Barzahlung gekostet hätte.

Meine Mutter aber ließ sich durch keine Einwände darin beirren, Akademiker für wertvollere Menschen zu halten. Bei all ihrer Toleranz war dieser Hochmut wie ein Fremdkörper. »Das ist nur eine ganz einfache Frau ohne Bildung« oder »Der Vater deiner Freundin ist nur Schuster« und so weiter, und wenn wir faul in der Schule waren, hieß es, wir müßten dann eben zu einem Handwerker in die Lehre gehen.

Mir ist dieser Punkt sehr wichtig, weil ich als junge Studentin ganz andere Erfahrungen machte und mich dadurch erstmals von meiner Mutter abgrenzen konnte, was mir bis dahin auf keinem Gebiet möglich war.

Studenten lebten damals in winzigen Zimmern, die mit Kohleöfen geheizt wurden. In der Toilette auf dem Flur gab es nur kaltes Wasser. Studentenheime waren sehr selten, und niemand kam auf die Idee, in Wohngemeinschaften zusammen zu leben.

Ich war zu Beginn des Studiums sehr einsam und hatte großes Heimweh; außerhalb der Familie war mir alles fremd. Die Mitstudenten sprachen ja nicht unsere Familiensprache, in der wir Ausdrücke benutzten, die nur wir verstanden, und ich kannte nur das, was wir zu Hause dachten und fühlten.

Wir Geschwister waren eng miteinander verbunden. Meine Schwester hat uns Kleinen Bilderbücher gemacht und Spiele gebastelt. Sie war sechs Klassen über mir, aber die Lehrer erinnerten sich noch gut an sie; wenn sie meinen Nachnamen hörten, waren sie mir gleich wohlgesonnen. Als Studentin hat sie mir ihre teuren Lehrbücher geschenkt. Sie trat ihre eigenen Wünsche an mich ab, als sie mir Kleider kaufte und mich hübsch machen wollte.

Mein ältester Bruder hat mich zum Lachen verführt. Er sammelte Witze und Bildergeschichten für mich – Comics gab es noch nicht –, und wir haben zusammen Tränen gelacht über »Jakobson«, dessen Bemühungen, etwa ein wackelndes Tischbein zu begradigen, damit endeten, daß die Tischplatte ohne Beine auf dem Boden lag. Am liebsten aber hatten wir »Die fromme Helene« von Wilhelm Busch. Mit ihrem Vetter, dem heiligen Franz, einem Kapuziner-Pater, macht sie wegen ihrer Kinderlosigkeit eine Wallfahrt. Sie bekommt daraufhin Zwillinge, und der heilige Franz preist Gott für dieses Wunder – nur, daß die freundlich lächelnden Säuglinge genauso aussehen wie er.

Als mein jüngster Bruder dem Rest der Familie »Pu, der Bär« vorlas, war er noch klein und seine Lesekunst nicht weit fortgeschritten. Aber was seine Lesung vollends unverständlich machte, war, daß er Tränen lachen mußte über diesen Anti-Helden, den dummen, dicken, verfressenen Bären. Und wir lachten alle mit, aber mehr über unseren Kleinen als über Pu.

Glücklicherweise blieb am Anfang des Studiums kaum Zeit für Kontakte und Geselligkeiten. Das Medizinstudium war stark reglementiert, und eine Prüfung folgte der anderen; nachmittags ging es weiter mit Praktika und Seminaren. Als ich meinen späteren Mann kennenlernte, gab es sofort Konflikte, weil ich früh ins Bett mußte. Das erbitterte ihn sehr, und mich erbitterte sein Unverständnis. Er war von der philosophischen Fakultät und führte mit seinen Freunden ein völlig anderes Leben. Er ging erst im Morgengrauen ins Bett und schlief bis in den Vormittag hinein. Er spielte in der Studentenbühne, zu der eine eigene Kneipe gehörte. Da traf ich Menschen, von denen ich mir nie hatte träumen lassen: lebenslustige, trinkfeste Männer und schöne, sich frei bewegende, selbstbewußte Frauen mit langen Haaren und in Phantasiegewänder gehüllt. Während diskutiert und philosophiert, während schallend gelacht und viel getrunken wurde, saß ich staunend und still dabei. Und weil mein Freund sehr beliebt war, wurde auch ich akzeptiert.

Wir lernten uns während einer Studentenreise nach Spanien kennen. Diese Reise hatte mir meine Mutter zum Abitur geschenkt. Sie kostete wenig, dafür aber gab es viele Wanzen und Flöhe bei den Übernachtungen. Als die Reisegesellschaft gegen den inkompetenten Reiseleiter rebellierte, wurde mein späterer Mann zum Sprecher gewählt. Furchtlos konnte er klar und objektiv Kritik äußern, ohne den Reiseleiter zu sehr zu kränken. Er war witzig, offen und selbstbewußt und konnte Menschen leicht für sich gewinnen. Wir verliebten uns und waren fünf Jahre befreundet, ohne uns zu verloben. Wir wollten jeder unsere Freiheit behalten und fanden eine Verlobung altmodisch.

Als mein Mann sein Examen gemacht hatte und ihm eine Stellung in Japan angeboten wurde, heirateten wir. Ich studierte noch und mußte die Doktorarbeit beenden und das Staatsexamen beginnen. Es war die Zeit des »Wirtschaftswunders«, in dem Leistung, Erfolg und Konsum nicht hinterfragt wurden. Als Kinder dieser Zeit kam es uns nicht in den Sinn, eine gute Stellung auszuschlagen oder ein Studium abzubrechen.

Wir mußten uns also bald nach der Hochzeit trennen. Aber nach einem halben Jahr ließ ich alles liegen und flog meinem Mann nach Japan nach. Wir reisten durch das Land und standen hingerissen vor seinen Tempeln, Gärten und Kunstschätzen. Wir sahen den Fujiyama in seiner vollkommenen Schönheit, wie er sich allein aus der Ebene viertausend Meter hoch sanft erhebt. Wir waren glücklich in unserer ersten eigenen kleinen Wohnung. Wir wurden oft zu Partys eingeladen oder hatten selbst Gäste, und ich mußte lernen, eine gute Gastgeberin zu sein. Aber Lärm und Enge in der riesigen

Stadt waren sehr zermürbend. Noch mehr jedoch hat mich das Angestarrtwerden gequält, denn mein Mann war groß und ich blond.

Nach einem halben Jahr mußte ich nach Deutschland zurück, um das Staatsexamen zu machen. Darüber will ich nicht viel sagen, denn wenigen Studenten fällt dieses Marathon medizinischer Examina leicht. Als ich damit fertig war, flog ich sofort wieder nach Japan.

Wir brachen unseren Aufenthalt dort ab, als mein Schwiegervater schwer erkrankte. Er war eine starke Persönlichkeit mit großer Ausstrahlung und hat mir zehn Jahre lang meinen leiblichen Vater ersetzt. Er genoß das Leben in vollen Zügen nach den langen Kriegsjahren und den Jahren der Gefangenschaft. Er hätte so gern noch gelebt, als er qualvoll sterben mußte. Sein Tod war ein großes Unglück – nicht nur für seine Familie allein.

Während ich mich in der Gegenwart meines Schwiegervaters von Anfang an angenommen und frei fühlte, blieb die Liebe zu meiner Schwiegermutter unerwidert. Es lag wohl nicht an mir, sondern für sie gab es vielleicht keine Frau, die gut genug war für ihren einzigen bewunderten und verwöhnten Sohn.

Wir wünschten uns Kinder und träumten von einem Land ohne rauchende Fabrikschornsteine, ohne Lärm und Hektik, mit stillen Wäldern und Seen. Wir wollten nach Finnland, und mein Mann bekam dort eine Anstellung. An die winterliche Dunkelheit und Kälte, die alles erstarren läßt, auch die Seelen der Menschen, dachten wir nicht.

Schnell hintereinander wurden unsere beiden Töchter geboren, eine Quelle von Glück und Zärtlichkeit, auch für meinen Mann. Er wickelte und badete sie und bereitete ihre Nahrung zu. Er trug sie mit sich herum, ohne Tuch oder Kindersitz damals, auf seinen Hüften hockten sie und waren zufrieden. In dieser Zeit war es noch ungewöhnlich, daß Väter sich so zärtlich um ihre Kinder kümmerten.

Wir lebten vier Jahre in Finnland und liebten die Sommer und die Natur und haßten die Winter. Die Arbeit machte meinem Mann keine Freude, weil das Interesse gering war für das, was er zu vermitteln hatte. Wir mußten viele Gäste bewirten, aber ich konnte den nötigen »small talk« nicht lernen, so daß mein Mann die Unterhaltung allein zu bestreiten hatte. Ich konnte nur mit vertrauten Menschen frei reden, und Freunde fand wir in Finnland schwer.

Als meinem Mann eine Stellung in Deutschland angeboten wurde, nahm er sie erleichtert an. Wir waren damals eines von unzähligen jungen, glücklichen Ehepaaren mit kleinen Kindern. Unsere zwei und drei Jahre alten Töchter waren gesund, fröhlich und selbstbewußt. Wir zogen in ein Mietshaus außerhalb der Stadt mit einem großen Garten; zwölf Jahre lang haben wir uns dort äußerst wohl gefühlt. Ich machte die Medizinalassistenzzeit und fing an, halbtags in einer psychiatrischen Klinik zu arbeiten.

Ich denke, es ist eine zwingende Notwendigkeit, ein Mensch zu werden, der sich von den anderen unterscheidet, sich zu einem unverwechselbaren Individuum zu entwickeln – so zwingend wie die, daß ein gesundes Kind laufen und sprechen lernt. Ich aber blieb auch als Erwachsene lange Zeit innerlich ein Kind in meiner Abhängigkeit vom Wohlwollen anderer, vor allem dem meiner Mutter, in der Angst vor Fremden, Unbekannten und der Unfähigkeit, mich auseinanderzusetzen. Von der Freude an Selbständigkeit und der Durchsetzung von berechtigten Forderungen habe ich allzu lange nichts gewußt. Meine Chefinnen und Chefs mußten

Mutter oder Vater für mich sein; konnten oder wollten sie diese Rolle nicht übernehmen, arbeitete ich noch härter, um jedenfalls ihre Achtung zu erlangen.

Fast alle, die den Facharzt für Psychiatrie machten, begannen damals eine Zusatzausbildung in Psychotherapie. Das bedeutete neben vielem anderen eine Lehranalyse und eine Gruppentherapie. Ich fing eine über viele Jahre sich hinziehende Analyse bei einer angesehenen Freudschen Psychoanalytikerin an. Nur sehr zögernd wurden mir meine Mängel bewußt. Ich wollte nicht verstehen, daß ein so geringes Selbstbewußtsein Wut erzeugen muß, und wenn sich diese Wut nicht nach außen wenden kann – aus Angst vor Ablehnung, das heißt einer Art Vernichtungsangst –, sie sich nach innen richten muß. Ich stellte mir schließlich vor, daß diese ungelebte Aggression wie ein Topf mit kochendem Wasser war und ich meine Kräfte damit verbrauchte, den Deckel auf den Topf zu drücken, damit das Wasser, also meine Wut, nicht überlief. Neid, Habgier, Machtansprüche und Schuld erkannte ich unter großen Widerständen zu mir selbst gehörig, als nicht nur von außen erlitten, sondern als eigenen Schatten. Das waren große seelische Erschütterungen. Während der Analyse gab es Monate von Stagnation und Leerlauf, weil ich meine Wahrheit nicht ertrug. Alles wurde mir fragwürdig. Auch das idealisierte Bild meines Vaters zerfiel, und er reduzierte sich zu einem normalen Menschen mit Fehlern und Schwächen. Aber durch das Erkennen und Erleiden meiner Verdrängungen wurden große Kräfte frei.

Das beglückendste Ergebnis dieser Analyse war, daß ich jetzt echte Freundschaften schließen konnte. Ich glaube, vorher benutzte ich Menschen, um nicht so einsam zu sein, und ich verließ und vergaß sie schnell, wenn ich sie nicht mehr brauchte. Jetzt wurden Freundschaften die Quelle großer Freude mit gegenseitigem Geben und Nehmen, mit Fürsorge und Kritik in Offenheit und Echtheit.

In der Gruppentherapie wurde ich anfangs abgelehnt, weil ich für Harmonie sorgen wollte, wo Auseinandersetzung nötig war. So verschieden die Schwierigkeiten der einzelnen waren, so suchten wir doch alle nach Liebe und Anerkennung. Am Ende der Gruppentherapie nach zwei Jahren haben wir uns geachtet, sogar geliebt und sind unter Umarmungen weinend auseinandergegangen.

Meine Mutter habe ich in diesen Jahren der Analyse gemieden, weil ich ihre Ermahnungen und Ratschläge nicht mehr ertrug, mit denen sie versuchte, Einfluß zu nehmen. Aber auch für sie war es eine schwierige Zeit. Sie konnte nicht verstehen, warum aus ihrem anhänglichen Mädchen eine ablehnende Frau geworden war. Viel zu spät, einige Monate vor ihrem Tod, hatten wir eine wirkliche Auseinandersetzung. Mein Mann und ich waren wieder einmal umgezogen und wollten uns ein Haus mit Garten kaufen. Meine Mutter aber bedrängte mich, diesen Plan fallenzulassen. Eine Eigentumswohnung sei das Richtige, weil sonst die Kinder zu kurz kämen und ich doch jetzt schon viel zu viel Arbeit hätte. Wenn ich unbedingt Blumen haben wolle, tue es auch ein Balkon. Für mich aber ist ein Garten wie ein entfernter Abglanz vom Paradies; ganz eins mit mir fühle ich mich nur, wenn ich darin arbeiten kann. Ich habe meine Mutter erschüttert gefragt, warum sie mich nicht so annehmen könne, wie ich wirklich sei. Da hat sie mich weinend umarmt, und ich glaube, wir haben uns wortlos gegenseitig vergeben.

Ihr Tod war ein bitterer Verlust für mich. Jahrelange Schuldgefühle sind erst langsam echter Trauer gewichen. Mit Rührung denke ich jetzt daran, wie sehr sie sich für uns Kinder geplagt und welch schweres Leben sie gehabt hat.

Während ihrer Krankheit und nach ihrem Tod bis heute sind wir Geschwister uns wieder näher gekommen. Wir fühlten uns ohne Mutter wie Waisen, obwohl wir doch längst erwachsen waren und eigene Kinder hatten. Wenn wir ihr Grab besuchen, das mein ältester Bruder pflegt, erzählen wir uns viel von ihr, wehmütig und dankbar.

Es fällt mir schwer, über die Entfremdung von meinem Mann und den Kindern zu schreiben. Es geht auch nicht um Schuldzuweisungen, aber weil ich deutlich machen will, warum ich krank wurde, bleibt mir keine andere Wahl, und die Entwicklung bis zum ersten depressiven Zusammenbruch muß einen großen Raum einnehmen. Durch die Zuneigung meines Mannes und der Töchter bis zu ihrer Pubertät waren lange Jahre die Selbstzweifel, die Schatten meiner Kindheit, zwar verblaßt, aber unter den späteren Konflikten und Belastungen wurden sie wieder dunkel und bedrohlich.

Ich wäre aus allen Wolken gefallen, hätte mir damals jemand gesagt, welche Riesenerwartungen ich an meinen Mann herantrug: Er sollte meinen Vater ersetzen, ein zärtlicher, verständnisvoller Ehemann, ein guter Vater unserer Kinder und unser Ernährer sein. Auch sollte er stark, niemals ratlos und sozial geachtet sein. Wie ungeheuerlich diese Ansprüche waren, lernte ich erst viel später.

Wir waren zwar sehr verschieden, aber ähnlich in unserer Angst vor Auseinandersetzungen. Wir hatten uns sehr gern, wußten uns immer viel zu erzählen, viele gemeinsame Interessen verbanden uns, und wir waren solidarisch in der Sorge um unsere Kinder und Verwandten – nur über unsere Beziehung sprachen wir fast nie. Mein Mann wollte nicht, daß ich in der Psychiatrie arbeitete, er hielt die Arbeit für zu schwer. Wenn ich ihm etwas davon erzählte, so hörte er zwar zu, aber immer stand die Frage im Raum »Warum machst du nicht etwas Leichteres?« So kam es, daß ich in meinem Beruf ohne seine Anteilnahme und Unterstützung blieb. Daß er meine Arbeit nicht achtete, war ein großer Verlust, den ich aber in Kauf nahm; um so enger fühlte ich mich mit dem Team in der Klinik und den Patienten verbunden.

Im Verlauf meiner Analyse wurden wir uns immer fremder. Erzählte ich einiges Wenige von meinem Erleben dort, wehrte mein Mann erbittert ab, mißverstand es oder wendete es in versteckten Anklagen gegen mich. In dieser Zeit verliebten wir uns fast gleichzeitig jeder in einen anderen Menschen und beschlossen uns zu trennen. Ich hatte schon ein möbliertes Zimmer im Krankenhausgelände, wollte nichts mitnehmen und meinem Mann die Kinder lassen. Zwei befreundete Ehepaare bemühten sich aber, unsere Ehe zu retten. Der Mann unserer Freundin gestand uns, daß er schon zum dritten Mal verheiratet sei, wir aber müßten zusammenbleiben, weil niemand so gut zueinander passen würde wie wir. Ein Erlebnis brachte mich dazu, bei meiner Familie zu bleiben. Als eines Tages unser Hund, wie jeden Tag, wenn ich von der Arbeit kam, nicht wohin wußte vor Freude, nieste, sich auf den Rücken warf, sich drehte und nach diesem Freudensturm hastig trinken mußte, durchbohrte meinen Körper und meine Seele ein unerträglicher, schneidender Schmerz (anders kann ich es nicht in Worte fassen). Plötzlich wußte ich, daß ich nicht einmal unseren Hund verlassen könnte, wieviel weniger meinen Mann, die Töchter, unser Haus und meinen Garten.

Mit vielen Hochs und Tiefs blieben wir dann zusammen. Aber hätten wir nicht geglaubt, wir würden uns immer lieben wie am ersten Tag, und hätten wir gewußt, daß auf Nähe Distanz folgen muß, so hätten wir unsere Trennungswünsche nicht wie einen Weltuntergang erlebt. Erst im Lauf von achtunddreißig Jahren wurde mein Mann ein wirklicher Mensch für mich, liebenswert und unvollkommen, nicht stärker und nicht schwächer, nicht höher und nicht tiefer stehend als ich, nicht mein Vater, nicht mein Lehrer, nicht meine einzige Stütze. Ich achtete ihn und freute mich an seiner Gegenwart.

Nach der Entfremdung in unserer Ehe begann die Pubertät der Kinder. Ein Vater hat leichteren Zugang zu seinen Töchtern, und ich bin meinem Mann dankbar, daß er die Verbindung zu ihnen nie abreißen ließ. Er blieb ausgleichend und verständnisvoll. Hätten meine Schwester und meine Freundinnen mich nicht gestützt, wäre ich manchmal verzweifelt. Denn Töchter wollen in der Pubertät alles, nur nicht ihrer Mutter gleichen, und kämpfen erbittert um diese Distanz und Andersartigkeit. Mein Kopf wußte das, aber nicht mein Herz, und ich litt unter ihrer Ablehnung sehr.

Wer sich selbst beurteilen soll, irrt sich leicht, aber ich glaube nicht, daß Intoleranz und Kleinlichkeit meine hervorstechendsten Eigenschaften sind. Die Töchter lockten sie aber hervor, denn durch ihr chaotisches Verhalten wurde ich pedantisch und starr. Und weil ich meine ängstliche Gegenwehr nicht angemessen äußern konnte, war ich schlecht gelaunt und gekränkt, was die Töchter natürlich in ihrer Ablehnung bestärkte. Weil wir den Kindern keine engen Grenzen gesetzt hatten, waren ihre Kämpfe um Freiheit und Autonomie um so schwerer. Um meine Selbstachtung zu erhalten, dachte ich manchmal daran auszuziehen. Aber auch eine Flucht war mir nicht möglich in meiner Angst vor Verlassenheit, und ich verstand nicht zu handeln und meine Bedürfnisse eindeutig zu äußern.

Die Trennung der Mütter von ihren Kindern ist schicksalhaft notwendig, aber sie hat für mich etwas zutiefst Trauriges, ja Tragisches. Die Mutter muß ja das freigeben, was innig mit ihr verwachsen war, als es sich in ihrem Bauch zu einem Menschen entwickelte. Sie weiß noch nicht, wenn sie mit Rührung und Entzücken sieht und fühlt, wie etwa die Füßchen sich bewegen und die Bauchwand vorstülpen, wenn das Menschlein, das sie zur Welt bringt, vollkommen von ihr abhängig ist und sein ganzes Wohlbefinden von ihr kommt, daß sie es eines Tages abgeben und ganz und gar freigeben muß.

Während der Pubertät der Töchter pflegte ich meine Freundschaften noch mehr als früher. Sie waren und sind mir die größte Freude. Ich habe viel darüber nachgedacht, was Familienbindungen von Freundschaften unterscheidet. Kinder haben ein Anrecht auf Fürsorge und fordern sie ein; und nicht nur die Eltern wollen die Kinder an sich binden, sondern auch, trotz aller Rebellion, die Kinder die Eltern an sich. Es geht also, neben vielem anderen natürlich, um Forderungen, um Herrschaft und Besitzansprüche – um das Gegenteil von Freiheit und Loslassen.

In Freundschaften aber wird alles frei-willig gegeben; Nähe und Anteilnahme werden nicht eingefordert, sie sind Geschenke. Sie erinnern mich an Vögel, sie kommen und fliegen wieder weg, wann sie wollen. Wenn mich etwa ein Rotkehlchen im Garten mit schrägem Köpfchen und glänzenden Augen anschaut, halte ich still und bin beglückt. Wollte ich es festhalten, würde es davonfliegen. Und daß es schließlich frei ist und wegfliegen kann, beglückt mich auch. Freundschaften leben von Achtsamkeit und Freiheit.

Nach diesen turbulenten Jahren setzten die Wechseljahre früh ein und machten mir starke Beschwerden. Ich erlebte sie als großen Verlust und schwere Kränkung. Der Abschied von der als selbstverständlich angenommenen körperlichen Gesundheit traf mich ganz unserwartet. Ich war immer gern eine Frau und kam mir jetzt vor wie ein Neutrum, der Möglichkeit beraubt, Kinder zu bekommen und mit anderen Frauen konkurrieren zu können. Ich fühlte mich plötzlich unattraktiv und alt.

Mir scheint, daß die Wechseljahre ein Tabu sind; auch meine besten Freundinnen schwiegen darüber, und jede Frau macht diese Zeit mit sich allein ab. Ich weiß auch nicht, wer unsere Töchter darauf vorbereiten soll, denn die Mütter sind dann meist schon tot. Frauen wissen es nicht, oder sie wollen es nicht wissen, was die Natur für sie festgelegt hat, und ich meine auch gespürt zu haben, daß sie von ihrer Umgebung irgendwie abgeschrieben sind; sie taugen zu nichts mehr recht.

Viel später erst wurde mir bewußt, welche Erleichterung es bedeuten kann, nicht mehr schön und attraktiv sein zu müssen. Frauen sind auch nach den Wechseljahren nicht mehr so »nützlich«, weil sie weniger hart arbeiten können als früher, aber für sich selbst haben sie mehr Ruhe und Zeit, und ich bin heute in vieler Hinsicht zufriedener als vor zwanzig Jahren.

Die letzten vier Jahre meiner Berufstätigkeit arbeitete ich in der Kinder- und Jugendpsychiatrischen Abteilung eines Landeskrankenhauses. Landeskrankenhaus bedeutet, daß jeder Patient aufgenommen werden muß, das heißt besonders die Schwerkranken, für die es anderswo keine Behandlungsmöglichkeiten mehr gibt.

Das Schicksal der Kinder lastete schwer auf mir, und die Arbeit war für eine Halbtagsärztin kaum zu schaffen.

So gab es auf der Station zum Beispiel einen Jungen, der während der Geburt einen schweren Hirnschaden erlitten hatte und nicht sprechen konnte. Niemand wußte, warum er seinen Kopf gegen harte Gegenstände schlagen mußte, so daß er schon mehrere Schädelbrüche davongetragen hatte. Als wir herausfanden, daß er klassische Musik liebte, hörten die Selbstverletzungen auf, wenn er seinen Walkman in den Ohren hatte und sich im Takt der Symphonien wiegte.

Immer wieder habe ich mich gefragt, warum hilflose und abhängige Kinder so sehr leiden müssen; sie haben doch niemandem etwas zuleide getan. Die Mehrzahl der kleinen Patienten litt an epileptischen Anfällen und war minderbegabt, so daß sie weder lesen noch schreiben und sich nicht selbst waschen und anziehen konnten. Viele mußten gefüttert werden und brauchten Windeln, andere waren stumm oder sprachen unverständlich. Das Personal tat zwar alles, um den Kindern das Leben erträglicher zu machen, aber oft war das kaum möglich.

Unauslöschlich hat sich mir der erste Arbeitstag auf dieser Station eingeprägt. Was ich nach vielen Jahren in der Psychiatrie noch nie und später nie wieder gesehen habe, sah ich hier: Ein kleines Mädchen in einer Zwangsjacke. Die Jacke war aus festem Stoff und hatte keine Ärmel. Das Kind mußte seine Arme unter der Brust kreuzen, und die Jacke wurde mit festen Verschlüssen hinten zugeknöpft. So konnte es mit seinen Händen niemanden verletzen. Ich schwor mir, daß dieses Kind wieder davon befreit werden sollte, aber damals wußte ich noch nicht, wie lang der Weg sein würde. Das Mädchen war vor dem Haus seiner Eltern von einem Auto überfahren worden. Es lag wochenlang im Koma, die Knochenbrüche und der Schädelbruch heilten, aber als es wieder erwachte, war es ein ganz anderes Kind. Es konnte sich nicht mehr steuern und verletzte in seinen Erregungszuständen Eltern und Geschwister. Alles wurde versucht, es wieder gemeinschaftsfähig zu machen, aber verschiedene Spezialkliniken für Hirnverletzte und heilpädagogische Einrichtungen brachten keine Besserung. Auf unserer Station hatte es schon mehrere schwächere Kinder und eine Krankenschwester gefährlich verletzt. Niemand wußte eine andere Möglichkeit mehr als die Zwangsjacke, aber jetzt quälte es die Menschen auf andere Weise: Es biß zu, wenn es eine Möglichkeit fand, und benutzte Schimpfwörter, die ich so drastisch und in solcher Fülle noch nie gehört hatte. Keiner konnte sich gefahrlos in der Nähe des Kindes aufhalten, und wenn die Zwangsjacke auch schwere Verletzungen verhinderte, so war für jeden deutlich, daß es so nicht weitergehen konnte, weil es durch seine Fesselung immer bösartiger wurde.

Als Belohnung für erwünschtes Verhalten, etwa nicht zu beißen oder Schimpfwörter zu benutzen, zogen wir die Jacke kurzzeitig, später auch einen ganzen Tag lang aus. Aber es kam zu immer neuen Erregungszuständen. Ich schickte Briefe an Fachleute mit der Bitte um Hilfe. Ein Mitglied der medizinischen Ethik-Kommission kam auf die Station und verordnete zusätzlich ein müdemachendes antdepressives Medikament in so großer Menge, daß ein Erwachsener nur noch geschlafen hätte. Es war wie ein Wunder, das Mädchen konnte sich von da ab so weit steuern, daß es keine Zwangsjacke mehr brauchte. Es ging mit den anderen Kindern der Station in den Zoo und auf den Jahrmarkt und später sogar in die Schule. Dieses jetzt liebenswerte, freundliche Kind hing sehr an mir; es malte unzählige Bilder, weil es wußte, daß sie mich freuten, und ließ mich nicht aus den Augen. Schließlich konnten wir es nach Hause entlassen.

Damals ahnte ich nicht, daß ich mich sofort mit diesem Mädchen ohne Hände identifiziert hatte. Ich hätte es auch weit von mir gewiesen, wenn jemand gesagt hätte, daß es krank und isoliert war wie ich, gebundene Hände hatte und deshalb nicht handeln konnte wie ich, daß es aber auch meine verdrängten Seiten lebte. Es wehrte sich, schrie, spuckte, biß, verletzte andere, statt selbst verletzt zu werden, verursachte Angst und Schrecken – und wurde beachtet. Heute verstehe ich besser, warum mich das Schicksal dieses Mädchens erschüttert, aber auch an den Rand meiner Kräfte gebracht hat.

Meine Familie und Freunde jedoch konnten nicht ermessen, was es für mich bedeutete, von diesen verlassenen Kindern geliebt zu werden. Jeden Morgen stand zum Beispiel ein Junge vor der Glastür der Station. Er hatte schon lange gewartet, weil er die Uhr nicht lesen konnte. Wenn ich kam, schrie er durch den Flur »Die Wilms kommt« und rieb sich begeistert auf unbeschreibliche Art in seiner behinderten Motorik die Hände. Ich habe mich immer gefragt, wer wohl mit so viel Freude zu Beginn seines Arbeitstages begrüßt wird. Aber als ein kleines Mädchen, der Liebling der Station, durch eine Verkettung tragischer Umstände starb, konnte ich mich davon nicht mehr erholen.

Ein Arzt ist verloren, wenn er sich nicht mehr abgrenzen kann, denn Distanz ist nötig, um Entscheidungen zu fällen und Behandlungspläne aufstellen zu können. Mir war es schließlich nicht mehr möglich, zwischen meiner Trauer, Hilflosigkeit und Schwäche und der der Kranken zu unterscheiden. Meine Grenzen waren zu durchlässig geworden und das Ich zu schwach. Das Stationsteam, mit dem mich Achtung oder Zuneigung verband, reichte als Stützung nicht mehr aus. Ich wurde depressiv.

Zehn Jahre vor dem Ausbruch dieser ersten schweren Depression hatte sie sich mit zwei kurzen Vorboten angekündigt. Ich kam vom Nachtdienst aus der Klinik nach Hause; es war ein strahlender Junimorgen. Ganz plötzlich freute mich nichts mehr, und ich fiel in tiefste Dunkelheit. Ich konnte nicht mehr sprechen und nichts von meinem Erleben mitteilen. Mein Mann ging mit mir stundenlang spazieren, und am nächsten Tag kehrte die Lebensfreude wieder zurück. Meine Analytikerin erschrak und wandte von da ab eine mehr stützende Therapieform an.

Etwa ein Jahr später konnte ich plötzlich nicht mehr arbeiten, war antriebslos und zurückgezogen. Mein Kollege hat meine Arbeit kommentarlos übernommen; dafür und daß er mich nicht mit Fragen über meinen Zustand bedrängt hat, bin ich ihm noch heute dankbar. Nach zwei Wochen ging es mir dann wieder besser.

Mit 48 Jahren, nach vierjähriger Arbeit im Landeskrankenhaus, begann die erste lang andauernde Depression. Es fällt mir schwer, sie genau zu beschreiben, weil ihr Beginn schleichend war und ich ihre Symptome nicht wahrhaben wollte. Die Situation auf der Geistigbehinderten-Station habe ich schon geschildert. Manche Kolleginnen und Kollegen aus der Klinik, die ich gern hatte, bewarben sich wegen der Arbeitsüberlastung durch den Personalmangel in andere Krankenhäuser oder machten sich selbständig. Ich hatte schwere Schlafstörungen und keinen Appetit mehr. Wenn ich aus dem zerrissenen, kurzen Schlaf aufwachte, lag der Tag wie ein Berg vor mir. Nachts schien mir das Leben manchmal nicht mehr erträglich, und Gedanken, im Tod Ruhe zu finden, tauchten auf. Mit Entsetzen drängte ich sie aber zurück, denn ich liebte das Leben.

Meine Hausärztin verschrieb mir gegen die Schlaflosigkeit ein müdemachendes antidepressives Medikament, das auch anfangs gut half. Es bewirkte aber eine starke Mundtrockenheit, die mich sehr beeinträchtigte, weil ich viel sprechen mußte und oft mitten im Wort nicht mehr weiter kam.

Nach einiger Zeit wirkte das Medikamnet nicht mehr, und Schlafmittel nahm ich nur selten, immer in der Angst vor einer Abhängigkeit. Ich schleppte mich weiter in die Klinik, ohne Freude, antriebs- und hoffnungslos. Als ich am Ende aller Kräfte war, ließ ich mich beurlauben. Damals wußte ich nicht, daß ich nie mehr wieder arbeiten konnte.

Ich hatte meinen Beruf sehr gern. Auf den Erwachsenen-Abteilungen gab es auch gewalttätige und erregte Patienten. Sie machten mir keine Angst, und je länger ich sie kannte, um so lieber wurden sie mir. Ich habe viel Leid gesehen, aber auch große Zuneigung erfahren. Als ich erkennen mußte, daß ich nicht mehr arbeitsfähig war, erlebte ich das als großen Verlust. Natürlich ist es für jeden schwer, wenn er wegen einer Krankheit seinen Beruf aufgeben muß, aber er erfährt meistens die mitleidige Anteilnahme von Familie und Freunden. Bei mir kümmerte es niemanden – mein Mann verdiente ja genug –, und das erbittert und kränkt mich bis heute.

Auch daß nach meiner Beurlaubung die Station mit einer Ganztagsärztin besetzt wurde, ist eine Kränkung, die ich nie verwinden konnte. Ich habe für ein halbes Gehalt so viel gearbeitet wie für ein ganzes, und es ist eine bittere Wahrheit, daß der wie ein Esel behandelt wird, der sich wie ein Esel verhält. Ich hatte mich nicht gewehrt, denn ich war handlungsunfähig geworden – eine Folge der Depression, die in ihrer Tragweite nicht ausreichend erfaßt wird.

Mir ist es schwer erklärlich, warum ich damals nicht schon früher erkennen konnte, daß ich schon lange krank war. Mein brüchiges Selbstwertgefühl brauchte die Arbeit und Anerkennung auf der Station als Bestätigung und Stütze. Schlaflosigkeit und Appetitmangel ließen sich durch die Arbeitsüberlastung erklären. Und alles entwickelte sich schleichend, denn wäre der Zusammenbruch so plötzlich gewesen wie bei den folgenden Depressionen, hätte ich meinen Zustand sicher eher als Krankheit erkannt. Auch sah ich in den Wechseljahren und dem Älterwerden mit dem Nachlassen der Kräfte weitere Gründe für die verminderte Belastbarkeit. Daß ich mich nach der Beurlaubung sehr schnell erholte und die Lebensfreude in kurzer Zeit zurückkehrte, bestätigte die Überzeugung, nur überarbeitet gewesen zu sein.

Zwei Jahre später wurde ich wieder depressiv, nachdem wir umgezogen waren. Umzüge wirkten sich verheerend bei mir aus, und dieser war unser zehnter. Wir gingen von Freunden fort in Städte, in denen wir keinen Menschen kannten. Immer hatte ich Heimweh und gewöhnte mich nur sehr langsam ein; und eine Wunde blieb, so wie ein Baum kümmert und nicht gleich austreibt, wenn er verpflanzt wird. Weil mein Mann halb noch an der alten und halb schon an der neuen Arbeitsstelle war, konnte er nicht noch mehr belastet werden. Ich war nicht mehr berufstätig und hatte Zeit, alle Dinge allein zu regeln, die mit dem Umzug zusammenhingen. Meine Arbeit war wieder nützlich und notwendig, und alles fiel mir leicht; ich fuhr viele Male zwischen unserem neuen und alten Wohnort hin und her, verhandelte mit Handwerkern, kaufte Möbel, füllte Unmengen von Formularen aus und organisierte, was nötig war.

Kaum hatte ich aber das alte Haus leergeräumt, konnte ich nichts mehr tun, und Zuversicht, Fröhlichkeit und Aktivität kippten um in Dunkelheit und Lähmung. Ich verkroch mich in mein Bett, um die unausgepackten Umzugskartons nicht mehr sehen zu müssen. Ich kam mir zutiefst wertlos vor, weil ich niemandem etwas nützte, sondern bei all der unerledigten Arbeit eine zusätzliche Belastung war. Ich konnte nicht mehr schlafen und essen, und in den endlosen Nächten tauchten wieder Gedanken an einen Suizid auf, die ich aber auch damals noch voll Grauen auf Distanz halten konnte.

Meine Schwester kam uns zu Hilfe. Sie gab mir ein wirksames antidepressives Medikament, nachdem drei andere nicht wirkten. Der Mund war trocken, die Hände zitterten, und ich nahm stark an Gewicht zu. Aber ich konnte wieder schlafen, und nach ein oder zwei Monaten wurde die Dunkelheit heller. Ich sehe mich noch am Küchentisch sitzen, untätig und aufgequollen, während meine Schwester die Umzugskartons auspackte.

Weil ich nicht glauben wollte, daß ich noch einmal an einer Depression erkranken könnte, nahm ich, als ich nach etwa drei Monaten wieder gesund war, kein Antidepressivum mehr ein, froh, von seinen Nebenwirkungen befreit zu sein.

Drei Jahre später, im Sommer 1991, fing die dritte depressive Phase an. Während vorher körperliche und seelische Überlastung vielleicht eine Rolle spielten, fand sich jetzt kein Auslöser mehr für die erneute Erkrankung; ich fühlte mich ausgeglichen und wohl, als sie ausbrach. Sie dauerte fünf Monate und begann, bevor mein Mann für ein Gastsemester nach Irland ging, wohin ich ihn begleiten wollte. Ich hatte mich sehr auf die gemeinsame Zeit gefreut, und es war ein großer Schmerz, als er allein abreiste. Erst drei Monate später konnte ich nach-kommen. Aber meine Schwester war wieder bei mir. Sie steigerte das Medikament, das mir früher geholfen hat-te, langsam auf eine sehr hohe Dosis, und ich erinnere mich wenig an diese Phase, weil ich dadurch schläfrig und benommen war. Ich konnte das Leben ertragen, aber die Nebenwirkungen waren wieder schlimm. Ich aß so viel, daß ich in meine Kleidung nicht mehr paßte, und wegen Muskelzittern, Seh- und Koordinationsstö-rungen konnte ich lange Zeit nicht Auto fahren.

Aber das antidepressive Medikament ist nicht allein der Grund, warum es mir schwerfällt, das depressive Geschehen in Erinnerung zu rufen. Es ist, als müßte der Mensch wieder ein fremdes, schreckenerregendes Land betreten. Jeder, der darin leben mußte, versucht, es zu vergessen, sobald er sich wieder am Leben freuen kann. Er will nicht glauben, daß er noch einmal im Land des Todes eingekerkert wird. Er will leben, und Leben und Tod sind nicht miteinander vereinbar.

Nach dieser depressiven Phase nahm ich das Anti-depressivum über Monate und Jahre ein. Zwischenzeit-lich versuchte ich ein anderes Medikament, das keine Appetitsteigerung bewirkt, aber weil ich darunter unru-hig und schlaflos wurde, mußte ich die Nebenwirkun-gen des ersten wieder in Kauf nehmen.

Nach der Zeit in Irland begann ich eine Psychothe-rapie bei einer Jungschen Analytikerin, hatte aber große Widerstände, noch einmal meine Kindheit und mein bis-heriges Leben zu bearbeiten. Als jedoch eindrucksvolle Träume auftauchten, wurde die Therapie hilfreich und tröstlich und eine große Stütze darin, selbständiger zu werden und eigene Bedürfnisse und Gefühle wahrzu-nehmen.

Daß ich Ärztin für Psychiatrie bin, hat mir in meiner Krankheit nichts geholfen, im Gegenteil. Psychiater, die ich konsultierte, wollten eine Psychotherapie mit mir beginnen und waren nicht daran interessiert, das richtige Antidepressivum herauszufinden und seine Dosierung und Einnahme zu überwachen; sie glaubten wohl, dies könne ich allein. Aber ein Kranker kann sich nicht selber helfen. Ohne meine Schwester wäre ich verzweifelt. Wir stehen uns jedoch zu nah, als daß sie es in meinem hilflosen Zustand übers Herz gebracht hätte, strikt zu fordern, das Nötige zu tun, das heißt, die Nebenwirkungen des Antidepressivums zu ertragen. So ging sie, wenn ich sehr darüber klagte, auf meine Wünsche nach einer niedrigeren Dosierung ein.

Vor fünf Jahren kam es dann – das Medikament war zu niedrig dosiert – wieder ohne jeden Anlaß zur vierten schlimmsten Phase, die ich am Anfang dieses Berichts beschrieben habe. Danach wurde mir bewußt, daß meine Krankheit lebensgefährlich ist. Durch meine Schwester fand ich den Chef einer psychiatrischen Klinik, der die Menge und Art des Antidepressivums festlegte und zusätzlich Lithium verordnete (ein Spurenelement, dessen Zuführung sich bei den meisten depressiven Erkrankungen als wirksam erweist) als doppelten Schutz vor einer neuen Erkrankung, da nach seiner Erfahrung die nächste Phase noch schwerer und länger sein würde. Wenn der Lithium-Spiegel einmal durch Salz- und Flüssigkeitsverlust ansteigt, spüre ich es sofort, weil ich dann zum Beispiel Buchseiten schwer umblättern kann.

Es ist wie ein Wunder, daß diese Medikation, abgesehen von leichter Verlangsamung und Müdigkeit, keine Nebenwirkungen hat. Was Gesunde tun können, kann ich jetzt auch wieder. Aber wenn ich wegen dieses guten Befindens den Arzt bat, die Medikamente zu verringern, ging er auf meine Bitten nicht ein; freundlich, aber bestimmt bestand er auf dem, was notwendig ist, um eine neue depressive Phase zu verhindern. Jetzt bin ich ihm dafür von Herzen dankbar.

Obwohl ich weiß, daß mich die antidepressiven Medikamente vor neuen Depressionsphasen beschützen, habe ich mit widerstreitenden Gefühlen ihnen gegenüber zu kämpfen. Wenn ich sie zweimal am Tag nehme, werde ich daran erinnert, daß ich krank bin, das heißt: ich werde ge-kränkt. Dafür aber, daß sie mich vor einem neuen Ausbruch der Krankheit bewahren, bin ich zutiefst dankbar, und es bleibt mir ein Rätsel, wie ich Dankbarkeit und Kränkung miteinander vereinbaren soll.

Mein Mann erkrankte vor sieben Jahren an einem unheilbaren Leiden, aber nie war er so fröhlich wie in dieser Zeit. Leistung und Erfolg wurden ihm fragwürdig und das Leben immer kostbarer. Das früher Selbstverständliche – Gesundheit und Aktivität – wurde zum Geschenk. Als er sein Schicksal annahm, konnte er in Frieden sterben. Die Töchter halfen mir bei seiner Pflege, und wir sind uns durch das Leid und die Trauer wieder sehr nahegekommen.

Mein Mann und ich waren sehr verschieden; er lebte nach außen, ich nach innen. Logisches Denken und Argumentieren waren ihm eine große Freude, und ich erfasse die Welt, indem ich fühle und sehe. Mit dem Gefühl spüre und bewerte ich, aber es ist eine Welt des »Irgendwie«, und Beweise für eine Bewertung etwa muß ich oft schuldig bleiben. Mein Mann konnte mit diesen Gefühlen manchmal gar nichts anfangen – was ich irgendwie auch wieder verstehen konnte. Wir haben lange Zeiten nebeneinanderher gelebt, und das hat uns viel leiden lassen. Aber wir wußten schließlich doch, daß wir

53

zusammengehörten. Aus dieser Zeit der Entfremdung ist mir ein Erlebnis unvergeßlich. Ich mußte unerwartet in der Stadt etwas besorgen. Als ich meinen Mann zufällig von weitem auf mich zukommen sah – er war wegen seiner Körpergröße nicht zu übersehen –, erfüllte mich ein Gefühl großer Freude und Zärtlichkeit; er nahm, wie meistens, kaum etwas von seiner Umgebung wahr und strebte eilig und in Gedanken versunken seinem Ziel zu. Er freute sich unbändig, als er überrascht vor mir stand, und nahm mich wie ein Kind auf die Arme. Wir gingen in ein Café und hatten viel Zeit, unsere Verbundenheit und Freude aneinander auszukosten.

Mein Mann tat während meiner Krankheit alles, was ihm möglich war. Aber Angehörige eines Depressiven haben es sehr schwer, denn sie werden nicht mehr angeblickt, und Gesprächsangebote werden abgewiesen. Immer wieder versuchen sie, die gläsernen Wände, die einen Depressiven umgeben, zu zerbrechen. Sie bringen das Essen mit der Hoffnung auf einen Dank, sie fragen nach Wünschen, richten von Verwandten und Freunden Grüße und gute Ratschläge aus, sie erzählen, was in der Welt geschieht, aber selbst wenn sie wissen, daß der Kranke an nichts mehr Anteil nehmen kann, fühlen sie sich doch abgewiesen und frustriert. Denn sie bleiben ohne Echo, und das halten Menschen nicht lange aus, weil sie auf Beziehung zu ihren Mitmenschen angewiesen sind, wenn sie nicht verkümmern sollen. Angehörige dürfen sich nicht selbst beschuldigen, wenn sie bei der Pflege resigniert und ablehnend werden, und daß sie doch viel Fürsorge und Geduld aufbringen, ist eher ein Wunder.

Der eigentliche Grund für diesen Bericht liegt, wie gesagt, darin, daß nach meiner Erfahrung eine Depression verhindert werden könnte, wenn ein Kind die selbstverständliche Zuversicht seiner Daseinsberechtigung hätte und wenn es lernen könnte, angemessen zu handeln. Handeln heißt ja ursprünglich, die Hände zu gebrauchen, etwas geben und nehmen zu können, aber auch aus sich herauszugehen, an etwas heranzugehen, jemanden für sich zu gewinnen suchen, etwas unternehmen oder Neues auszuprobieren. Wer voller Zuversicht in die eigenen Fähigkeiten handeln kann, wird, glaube ich, nicht depressiv.

Das Selbstbewußtsein eines depressiven Kindes ist schwach. Es traut sich nichts zu und ist entmutigt, enttäuscht, gekränkt oder passiv und traurig. Es braucht Ermutigung und Hilfe von außen, und ihm Mut zu machen ist nicht schwer. Wenn es gelingt, das Kind zu ermutigen und zu fördern, ist eine entscheidende Wendung geglückt. Aber ich glaube, es sollten nur Fähigkeiten gefördert werden, die ihm Freude machen, denn um Leistungen bemüht es sich viel zu viel, sofern es nicht schon resigniert hat.

Ein großes Problem ist die körperliche Ungeschicklichkeit, die durch Ängstlichkeit, Entmutigung und Mißerfolge natürlich bestärkt wird. Sie entsteht vielleicht dadurch, daß die Mutter sich nicht ausreichend an den motorischen Fähigkeiten ihres Säuglings oder Kleinkinds freuen konnte oder weil sie zu einem zärtlichen Hautkontakt nicht fähig war. Aber ich frage mich, warum im Sportunterricht Mannschaften gewählt werden müssen, statt sie einfach einzuteilen. Warum kann Linkischen und Ängstlichen nicht geduldig Mut gemacht und gezeigt werden, daß jeder etwa über einen Bock springen oder am Barren irgendwelche Übungen machen kann? So wie wir ohne Nahrung verhungern, verkümmern ohne Anerkennung Kinder, aber auch Erwachsene. Wir alle brauchen sie so dringend wie das tägliche

Brot. Die motorisch Gehemmten werden entmutigt und gequält statt gefördert, und ihnen bleibt nur der brennende Neid auf die Geschickten und Wagemutigen.

Wenn ich Reiter sehe, wie sie am Wasser oder im Wald mit ihrem Tier verbunden dahingaloppieren, glaube ich, in ihnen die glücklichsten Menschen auf der ganzen Erde vor mir zu haben. Aber nie hätte ich mich auf ein Pferd gewagt, weil ich meinen motorischen Fähigkeiten nichts zutraute. Ich bin jedoch überzeugt, daß mein Vater mir die Angst genommen hätte, denn er konnte reiten, und auch das Segeln auf seiner Yacht wäre eine große Freude und Ermutigung gewesen. Überhaupt habe ich vor dem Wasser nie Angst gehabt; vielleicht eine Erinnerung an das Schweben im Fruchtwasser, an die vollkommene Harmonie und Entbehrungslosigkeit damals vor der Geburt.

Ich glaube, es ist von großer Bedeutung zu erkennen, wie ein Kind lernt. Unser Schulsystem ist vor allem auf abstraktes Denken ausgerichtet. Kinder, die die Welt mit dem Gefühl und den Augen erfassen, werden weniger gefördert und ihre Leistungen auf diesen Gebieten geringer geschätzt. Ich war dann eine gute Schülerin, wenn ich mich in der Klasse wohlfühlte und die Lehrer gern hatte; wurde mein Gefühl angesprochen, arbeitete auch mein Verstand leicht, sogar in den Mathematikstunden.

Manche Kinder behalten am besten, was sie hören, andere was sie schreiben oder beim Lesen wie ein Bild genau ansehen. Ich war schon ziemlich alt, als ich erkannte, daß ich mit den Augen lerne. Hätte ich das als Schulkind gewußt, wäre manches leichter gewesen; ich hätte mir von Grammatiktabellen und Vokabeln das Wortbild eingeprägt, und das Lernen wäre effektiver und erfreulicher gewesen.

In der Schule wurde freies Sprechen nicht geübt; wer gern redete, sprach, und wer schwieg, der schwieg eben, bis er aufgerufen wurde. Wichtig allein waren die schriftlichen Arbeiten. Wer aber nichts sagt, hat auch nichts zu sagen, das heißt, er kann keinen Einfluß nehmen. Ich konnte nie vor einer größeren Versammlung von Menschen sprechen, obwohl es in meinem Beruf eigentlich nicht zu umgehen war; mein geringes Selbstwertgefühl wäre Zwischenfragen oder Kritik nicht gewachsen gewesen, und das Gefühl von Inkompetenz und Scham hätte einen Zusammenbruch bedeutet. Wenn ich jetzt aber diesen Bericht schreibe und damit vielleicht anderen Menschen hilfreich sein könnte, bin ich doch nicht mehr stumm.

Depressionsgefährdeten Kindern ist viel leichter zu helfen als Erwachsenen, bei denen schon durch Verlustängste und Selbstunsicherheit viele Entfaltungsmöglichkeiten eingeschränkt wurden. Aber kreativ zu sein, bedeutet in jedem Alter eine große Hilfe. Kreativität besitzen alle Menschen, und sie bedeutet nicht mehr, als in der äußeren Welt etwas zu verändern. So kann Kochen oder eine Wohnung einrichten kreativ sein, weil es die Umwelt in meinem Sinne formt und etwas entstehen läßt, was es vorher so noch nicht gab. Die größte Freude ist für mich, etwas mit den eigenen Händen zu machen. Als ich einmal antriebsarm und niedergedrückt meine Schwester besuchte, gab sie mir einen Klumpen Ton und zeigte auf der Töpferscheibe, wie man damit umgeht. Ich war ganz allein und habe einen Blumenübertopf gemacht. Als er wirklich schön wurde, war ich darüber so glücklich, daß die Niedergeschlagenheit verschwand.

Nach meiner Beurlaubung von der Arbeit belegte ich ein Semester lang Vorlesungen und Seminare am C.G.-Jung-Institut. Ich hatte bei meiner Schwester ein

Zimmer für mich allein und war frei von allen Verpflichtungen. Es gab sehr viel verschiedenes Zeichenmaterial, aber ich glaubte, wie fast jeder, daß ich überhaupt nicht malen könnte. Aber irgendwann fing ich einfach mal an mit zwei Kreisen, die schließlich auch rund wurden. So ging es ohne jeden Plan immer weiter. Es wurde ein eiförmiges Gebilde in meinen Lieblingsfarben blau und gelb. Es hatte Ähnlichkeit mit einer in einem Ei hockenden Eule, und ich war immer mehr fasziniert von dem, was die Hand – von innen heraus geführt – hergestellt hatte. Schließlich fiel es mir wie Schuppen von den Augen – ich hatte mich selbst gemalt. Die Augen, die gar nicht anders können, als alles wahrzunehmen, mußten riesengroß sein. Weil ich mich nicht frei bewegen konnte, mußte die Eule von Eierschalen umgeben und die Flügel zusammengefaltet sein: ein unbewegliches Kind, das alles sieht – ich (s. Abb. 1).

Es sind danach viele Bilder aus dem Unbewußten entstanden (z. B. Abb. 2 u. 3, s. S. 60 u. 62), sie kamen aus einer Quelle, von der ich vorher nichts wußte. Ich habe auch später Bilder abgemalt; meine erste Kopie war eine Zeichnung einer jungen Frau von Leonardo da Vinci, die wunderschön wurde. Meine Schwester und ich haben sehr darüber gelacht, daß es gleich Leonardo sein mußte. Jedes einzelne meiner Bilder ist mir kostbar. Und wenn viele auch Trauer und Angst ausdrücken, so kann ich sie vor mich hinstellen und bin diesen Gefühlen nicht mehr hilflos ausgeliefert.

Auch Gartenarbeit ist für mich eine kreative Tätigkeit. Das Graben und Unkrautjäten ist zwar manchmal eine Last, aber damit bereite ich ja die Erde vor für das, was ich den ganzen Winter lang in meinen Gedanken hin- und herbewegt habe: welche Stauden in welcher Zahl an welcher Stelle stehen sollen, wie Größen und

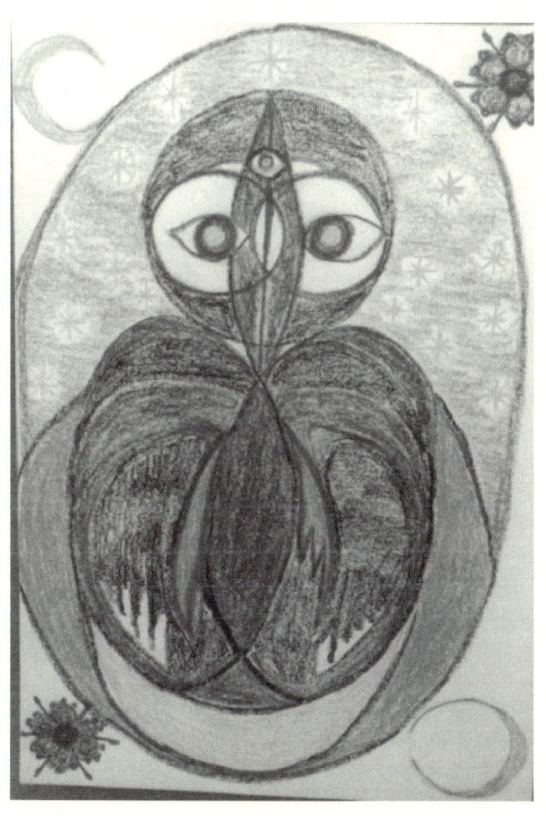

Abbildung 1

Farben zueinander passen, wann die Pflanzen verblüht
sind und dafür andere Stauden, Rosen oder ausgesäte
einjährige Sommerblumen an ihrer Stelle blühen werden. Ich sehe englische Gärten und Parkanlagen vor mir.
Es gibt dort Beete, in denen unzählige Blumen einer Sor-
te und Farbe dicht beieinanderstehen, und es breiten
sich Teppiche von unbeschreiblicher Pracht aus.

Abbildung 2

Besonders liebe ich die Stauden. Einmal gepflanzt, kommen sie jedes Jahr wieder, so hart der Winter auch war, und wenn man ihre verschiedenen Bedürfnisse kennt – manche brauchen viel Kompost und Wasser, andere wollen auf trockenem, magerem Boden stehen, wieder andere müssen häufig geteilt werden; schatten-liebende Stauden verkümmern in der Sonne, sonnen-hungrige schon im Halbschatten –, verbreiten sie, wenn sie nach Farben, Wuchsformen und Höhen richtig verteilt sind, eine stille Schönheit, die sich nicht in Worte fassen läßt.

Aber immer haben meine Gärten einen Fehler. Vögel, der Wind und der ausgebreitete Kompost verteilen Blumensamen an Stellen, wo sie in dieser Farbe gar nicht geplant waren. So stehen dann riesige Nachtkerzen ganz vorn im Beet und verdecken die Blumen dahinter; auch ihre zitronengelbe Farbe paßt nicht zu der rosa Strauchrose in der Nähe. Meine Pläne werden von denen, die die Natur selbst schafft, durchkreuzt. Aber ich kann diese Blumen nicht ausreißen, denn es begeistert mich, welche Überraschungen es jedes Jahr neu im Garten gibt. Nur, ein »Vorzeigegarten« wird er auf diese Weise nie.

Wenn ich sonst keine Verpflichtungen hätte, möchte ich nur im Garten arbeiten. Ich würde Pflanzen nach Gartenkatalogen bestellen, neue praktischere Gartengeräte anschaffen und vor allem in den Gärtnereien und Baumschulen, die hier sehr zahlreich sind, nach seltenen Pflanzen suchen. Mein Mann behauptete, ich würde in jeder Gärtnerei als besonders gute Kundin mit Handschlag begrüßt – eine boshafte Behauptung mit ein bißchen Wahrheit darin –, denn ich kaufe ziemlich viele Pflanzen, dafür aber nur selten Kleidung und Schuhe (wie ich behaupte). Und wenn ich dann alles herangeschafft hätte, würde ich pflanzen und wässern und beobachten und umpflanzen, Abgeblühtes abschneiden, zu Biegsames hochbinden, zu Dichtes ausschneiden und säen und ernten und immer wieder Unkraut jäten.

Ich könnte im Sommer ganz im Garten leben, und wenn es sehr warm ist, auch dort schlafen. Igel würden im Laub rascheln, die Käuzchen klagen, ich würde den Sternenhimmel in seiner Pracht bewundern und morgens vom Gesang der Vögel geweckt werden, die den neuen Tag aus voller Kehle mit Begeisterung begrüßen.

Abbildung 3

Manchmal ist der Garten in seiner Schönheit so wie mein inneres Bild: voll Harmonie und Fülle, in Farben unbeschreiblicher Pracht, etwa im Juni, wenn Rittersporn und Rosen blühen. Weil ich mit den Augen lebe, ist die Schönheit im Garten eine Quelle großer Freude, ja von Glück für mich. Und ich handle, gestalte und verändere meine Umgebung nach meinen Plänen – ich bin kreativ.

Mehr Offenheit für bisher fremde Lebensformen habe ich durch meine Töchter gelernt, und es war eine beglückende Erfahrung, daß sich das Lebensgefühl einer Frau mit erwachsenen Kindern noch verändern kann. Es begann damit, daß meine jüngere Tochter mit ihren Freunden durch Schriften und Aktionen darauf aufmerksam machte, daß die Nordsee in Gefahr ist, zu einer Kloake ohne Leben zu werden. Ich lernte, daß wir alle dazu beitragen, Flüsse und Meere durch Öl, Farben, Lösungs-, Wasch- und Putzmittel zu vergiften. Sie lehrte mich geduldig, ökologisch zu denken und Gifte aus Haushalt und Garten zu verbannen. Ihre Gruppe ließ sich von Polizisten von Bäumen herunterziehen, die ohne Notwendigkeit gefällt werden sollten, und machte bekannt, daß giftiger Sondermüll auf den allgemeinen Mülldeponien landete. Sie setzt sich für leidende Haustiere und gegen Tierversuche ein.

Meine älteste Tochter lebte in einer christlichen Gemeinschaft, und ihre Fröhlichkeit und Unerschrockenheit, ihre Tatkraft und Glaubensgewißheit beeindruckten mich sehr. Wenn ich aus einer depressiven Phase auftauchte, sang sie mit mir und zeigte mir Bibeltexte von großer Weisheit. Wir gingen zusammen in Gottesdienste, bekrittelten meistens die Predigten und sangen danach im Auto Kirchentagslieder wie Schlager.

Die Erfahrung, daß Töchter ihren Müttern ein Vorbild sein können, gab es in den Generationen vor uns wohl nicht, und ich glaube, sie läßt auf mehr Toleranz in den so schwierigen Mütter-Töchter-Beziehungen in der Zukunft hoffen.

In zwölf Jahren habe ich erschüttert erfahren, daß eine Depression tödlich sein kann, wenn nicht Hilfe von außen kommt. Eine psychotherapeutische Behandlung hätte mich in der Tiefe der Krankheit nicht mehr erreicht.

Die antidepressiven Medikamente, der Arzt, der auf ihre fortdauernde Einnahme besteht, und die selbstlose Anwesenheit meiner Schwester – sie sind es, die mir das Leben gerettet haben.

Meine schwerste und letzte depressive Phase hat mein Lebensgefühl verändert. Ich habe keine Wunde, jedoch eine Narbe zurückbehalten. Aber auch Narben können wieder aufbrechen. Um so dankbarer bin ich für die gefährdete Gesundheit und nehme die Schönheiten der Erde noch intensiver wahr. Nichts ist mehr selbstverständlich. Ich freue mich, daß ich Appetit habe und schlafen kann, über freundliche Gesten von Nachbarn, über Anrufe, Briefe und Besuche der Töchter, Geschwister und Freunde und nicht zuletzt über meinen bewegungshungrigen, anhänglichen Begleiter, meinen Hund. Das Leben ist mir so kostbar geworden wie nie vorher.

Depressive Erkrankungen werden auch in Märchen geschildert. »Das Mädchen ohne Hände« erzählt von dem Schicksal einer Frau, die gehemmt, handlungsunfähig und damit manipulierbar ist, in besonders drastischen Bildern. In Märchen wird viel gelitten, aber hier sind die Leiden übermäßig groß. Als kleines Mädchen erlaubt es sich keine eigenen Wünsche, ist lieb und gefügig; und damit der Vater seinen Wohlstand behalten kann, ist es mit dem einverstanden, was der Teufel verlangt: Es läßt sich vom Vater die Hände abhacken. Ein deutlicheres Bild kann es für die Situation eines depressiven Kindes nicht geben: Ohne Hände in seiner Verstümmelung ist es unfähig, zu nehmen und zu geben, zu handeln und seine Situation zu verändern. Es beginnt ein langer Leidensweg. Um nicht zu verhungern, stiehlt das Mädchen dem König eine Birne – ein erster Ansatz, sich etwas anzueignen. Ohne Hände kann es die Frucht nur mit dem Mund stehlen, ein Bild für seinen Mangel als Säugling und Kleinkind an reichlicher Nahrung, an Zärtlichkeit und Beachtung.

Der König heiratet das Mädchen und läßt ihm silberne Hände machen. Aber seine Entwicklung zu einer erwachsenen Frau kommt zum Stillstand, weil es jetzt den Himmel auf Erden hat: Der König handelt für sie, verwöhnt und umsorgt sie. So kann sie nicht lernen, selber zuzugreifen und eigene Wünsche zu haben.

Durch Intervention des Teufels wird sie mit ihrem Kind aus diesem Paradies der Passivität vertrieben. In ihrer Verlassenheit, ihr Kind »Schmerzensreich« auf den Rücken gebunden, das sie ohne Hände nicht selbst tragen kann, wird sie frei von den Wünschen, versorgt zu werden; ihr Selbst wird stark, und sie handelt selbständig. Es wachsen ihr neue Hände – so wunderbar wird die Heilung ihrer Depression in der Bildersprache des Märchens ausgedrückt.

Sieben Jahre dauert die Suche des Königs nach seiner Frau, bis er an ein Haus kommt, über dem geschrieben steht: »Hier wohnt jeder frei.« Das Kind, ein Bild für das Selbst der Frau, bedeckt das Gesicht seines schlafenden Vaters mit einem Tuch und nimmt es wieder ab, es ent-deckt Freiheit in der Beziehung, in der jeder selbst handeln kann. Die Frau hat sich ihr starkes Selbst erlitten, der König seine Großartigkeit verloren, als er sieben Jahre lang nicht aß und nicht trank. Sieben Jahre lang nicht zu essen und zu trinken, ist ein Bild für eine unerträglich lange Zeit des Mangels und der Sehnsucht. Und wie immer im Märchen, ist das Ende glücklich, denn zwei befreite Menschen beginnen ihre Ehe neu.

___ *Ute Jarmer*
Medizinischer Kommentar

___ Vorbemerkung

Die Überlegungen, die sich meine Schwester in ihrem Lebensbericht zur Verursachung und Behandlung
ihrer schweren Depression gemacht hat, will ich noch
weiter ausführen. Ich nehme an, daß es sich bei vielen
phasischen Depressionen nicht um ein unausweichlich
auftretendes erblich verursachtes Leiden handelt, son
dern daß es entscheidend durch Belastungen im Lau-
fe des Lebens entstanden ist. So werde ich auch die
Vermutung meiner Schwester untermauern, daß durch
frühzeitige, möglichst schon in der Kindheit eingelei-
tete pädagogische und eventuell zusätzliche psychotherapeutische Maßnahmen eine spätere phasisch verlaufende Depression zu verhindern wäre. Ist es aber bereits zu einer schweren Depressionserkrankung gekommen, hat sich also das über Jahre oder Jahrzehnte
angebahnte psychische Leiden im Körperlichen fixiert,
so muß schnelle Hilfe erfolgen. Und die in einem hohen
Prozentsatz wirksame Hilfe besteht in der Einnahme antidepressiver Mediamente.

Verschiedene Untersuchungen haben gezeigt, daß
mindestens jeder fünfte Mensch in unserer Region einmal oder mehrfach im Lauf seines Lebens an einer
behandlungsbedürftigen Depression leidet, davon zwei
Drittel an leichten und mittelschweren, ein Drittel an
schweren Formen. Unter den schweren Formen beendet
jeder sechste sein Leben durch Suizid; die Zahl der Sui-
zidversuche – zum Teil mit schwerwiegenden bleiben-

den Folgen – liegt viel höher. Eine schwere Depression ist also eine lebensgefährliche Erkrankung.

Ein großer Teil der Depressionen wird gar nicht erkannt, und von den erkannten erhält nur ein erschreckend kleiner Teil die richtige Behandlung, selbst unter den sehr schweren Formen.

Im Lauf der letzten Jahre sind viele Berichte depressiv Erkrankter über ihr Leiden und ihre Irrwege bis zur entscheidenden Hilfe erschienen. Aus ihnen geht hervor, wie verhängnisvoll es sich auswirkte, wenn an bestimmten Überzeugungen von der Entstehungsweise und der Behebung der Depression starr festgehalten wurde. Dadurch war der Weg zur schnellsten Hilfe versperrt.

Bei einem Menschen, der ein Bronchialasthma hat und in Gefahr ist, in einem Asthmaanfall zu ersticken, fragen wir zunächst nicht nach der Bedeutung des Leidens für das Leben dieses Menschen, sondern wir unternehmen sofort alles, was den unerträglichen, gefährlichen Zustand beendet. Und so muß es auch bei der lebensbedrohlichen schweren Depression sein. Psychotherapie kommt später zu ihrem Recht. Sie ist, nachdem sich die schwere Depression etwas aufgehellt hat, von großer Bedeutung, genauso wie auch bei allen leichten und mittelschweren Formen dieser Erkrankung.

(Wegen der besseren Lesbarkeit werde ich im folgenden die maskuline Form verwenden – obwohl es meist sogar richtiger wäre, die weibliche zu gebrauchen, denn Frauen sind sehr viel häufiger von Depressionen betroffen als Männer.)

___ Was ist eine Depression?

In der *schweren Depression* ist die Stimmung tief niedergedrückt und der Antrieb fast vollständig aufgeho-
ben. Das Gefühl von Wertlosigkeit, Angst, Verminderung bis völliger Verlust von Sexualverlangen und Po-
tenz, schwere Schlafstörungen und Appetitlosigkeit
quälen den Kranken.

Die Depression ist eine Seelenkrankheit. Die Seele
ist verfinstert, die Lebensfreude ist verlorengegangen.
Oft wird von Menschen berichtet, sie könnten nichts
mehr empfinden, weder Freude noch Trauer, sie seien zu
Stein erstarrt, abgestorben, hätten kein Gefühl mehr.
Niemand aber sollte einem Depressiven glauben, wenn
er über ein Gefühl der Gefühllosigkeit klagt. Er hat die
Liebe zu seinen Mitmenschen und die Freude am Leben
verloren, aber er fühlt qualvoll den Schmerz über diese
Verluste. Und obwohl sich Depressionen gleichen, vor
allem in der Freudlosigkeit, Lebensverneinung und Antriebsarmut, sind sie doch verschieden. Viele Depressive
fühlen sich morgens schlechter als abends. Oft besteht
Angst, die als Druck in der Kehle oder im Herzen gespürt wird. Diese Angst treibt manche Kranke Tag und
Nacht umher und läßt sie nur gelegentlich für kurze Zeit
zur Ruhe kommen. Einfachste Tätigkeiten können eine
unüberwindliche Anstrengung bedeuten. Die Welt wird
grau und leer. Das Leben steht still, und es gibt keine
Zukunft mehr. Der depressive Mensch erlebt sich als
wertlos, als Versager, als schuldbeladen. Eine immer
mehr sich ausbreitende Verzweiflung und Hoffnungslosigkeit kann ihn ergreifen, so daß er schließlich nur noch
den Ausweg im Suizid sieht. Die tiefe Depression ist das
qualvollste aller Leiden, wie Menschen versichern, die
in ihrem Leben auch schwere, sehr schmerzhafte körper-

69

liche Erkrankungen durchgemacht haben. Sie läßt sich nur annähernd beschreiben, letztlich nicht in Worte fassen.

Liest man das Buch »Seelenfinsternis« von P. C. Kuiper*, in dem der Professor für Psychiatrie und Psychotherapie seine Depression beschreibt, die schließlich sogar die Behandlung im Isolierraum der geschlossenen Abteilung einer psychiatrischen Klinik erforderte, so spürt man, wie schwer es auch dem schriftstellerisch begabten Wissenschaftler fiel, nach der Heilung das Erlebte zu formulieren. Bei seiner Depressionserkrankung standen massivste Ängste bis zu Verzweiflungsanfällen mit Selbstverletzungen im Vordergrund, und er war der unumstößlichen Überzeugung, sich in der Hölle zu befinden.

Andere leiden an der Wahnvorstellung, völlig verarmt zu sein oder an einer unheilbaren Körperkrankheit dahinzusiechen, und nicht selten fühlen Depressive sich von Gott verdammt. Allen gläubigen schwer depressiven Menschen, denen ich begegnet bin, war in tiefen Phasen ihrer Erkrankung ihr religiöser Glaube keine Hilfe, sondern eine Quelle weiterer Qual, weil sie sich endgültig von Gott verlassen fühlten. Wahnhaft erlebten sie ihren jetzigen Zustand als gerechte Strafe für ihren Ungehorsam gegen Gott. Äußerst gefährlich ist es, wenn ihnen dann geraten wird zu beten. Gerade dies ist ihnen ja nicht möglich. In solchen Momenten entsteht völlige Verzweiflung.

Appetitlosigkeit, schwere Schlafstörungen und die tageszeitlichen Schwankungen des Befindens zeigen, wie stark die Depression in das Körpergeschehen eingreift.

---

* Taschenbuchausgabe, Frankfurt a. M., 1995.

Bleierne Schwere der Glieder, beengender Druck auf der Brust oder in der Magengegend, Schwindelgefühl und Kopfschmerzen stehen bei einigen so sehr im Vordergrund, daß die zugrundeliegende Depressionserkrankung lange Zeit nicht erkannt und die richtige Therapie nicht angewandt wird. Intellektuelle Fähigkeiten sind für den schwer Depressiven oft scheinbar geschwunden, und er kann weder lesen noch schreiben noch rechnen. Bei alten Menschen wirkt es manchmal wie ein Hirnabbau, und es wird dadurch nicht selten eine gut zu behandelnde Depression übersehen. Ist aber die Krankheit vorüber, sind alle geistigen Fähigkeiten wie vorher vorhanden.

Verstärkt wird das Leiden noch dadurch, daß sich oft Angehörige und Freunde aus Hilflosigkeit vom Kranken zurückziehen. Sie werden nach einer Weile gereizt gegenüber dem Depressiven, der alle ihre gut gemeinten Ratschläge nicht befolgt, sich durch nichts aufmuntern läßt und für ihre angebotene Hilfe nicht dankbar ist. Der Traurige, der in Tränen ausbricht, oder der an einer schweren Körperkrankheit Leidende erfährt Trost von nahestehenden Menschen, der depressiv Erkrankte häufig nicht. Und doch wartet er auf Trost, kann aber gerade das nicht zum Ausdruck bringen. Oft ist es ihm nicht möglich zu weinen. Er kann nicht oder nur ganz wenig sprechen, seine Sprache ist leise, langsam und monoton; die Sätze sind so kurz wie möglich. Er ist erstarrt, wie versteinert. In seiner Starre wirkt er manchmal so abweisend, daß Menschen sich ihm nicht zu nähern wagen.

Verschiedene Formen der Depression

Leider werden oft die Ausdrücke »Depression« und »depressiv« gebraucht, wenn Traurigkeit, Lustlosigkeit oder Niedergeschlagenheit gemeint sind. Daß diese Zustände, wenn sie lange andauern, eines Tages in die Krankheit Depression einmünden können, ist gelegentlich zu beobachten. Die Übergange zwischen bedrückter Stimmung und leichter Depression sind fließend. Aber wenn es auch einen unklaren Zwischenbereich gibt, so besteht von einem gewissen Schweregrad an kein Zweifel mehr am Vorliegen von Krankheit.

Viele Mißverständnisse gerade unter Psychotherapeuten entstehen dadurch, daß nicht zwischen leichteren und sehr schweren Depressionen unterschieden wird. Die charakteristischen Zeichen, wie gedrückte Stimmung, Verminderung des Antriebs, Interesselosigkeit, gestörter Schlaf kommen bei allen Depressionen vor, aber in unterschiedlicher Zahl und Ausprägung. Man hat sich geeinigt, eine Depression als *mittelschwer* zu bezeichnen, wenn der Kranke trotz seiner Antriebsarmut und Freudlosigkeit noch teilweise seine Haus- und Berufsarbeit ausüben kann, wenn auch mit großer Anstrengung und erheblich eingeschränkter Leistung, während bei der schweren Depression wegen der starken Blockierung eine Berufsarbeit unmöglich ist und meist auch einfachere Tätigkeiten im Haushalt nicht mehr zu bewältigen sind.

Bei den *leichten* Depressionen fällt der Mensch vielleicht seiner Umgebung nicht auf, weil er sich noch zu seinen gewohnten Aufgaben zwingen kann. Oft kann es auch durch Ablenkung zu einem vorübergehenden Schwinden der gedrückten Stimmung und der Antriebsverminderung kommen, so daß Menschen, die die

Krankheit Depression nicht kennen, meinen, mit etwas gutem Willen müsse doch solch ein Zustand zu beenden sein – ein für den Kranken schlimmer Irrtum. Auch leichte Depressionen bedeuten großes Leiden, vor allem wenn sie Wochen, Monate oder Jahre andauern.

Eine Differenzierung der Depressionen nach dem Schweregrad ist insofern wichtig, als die Schwerpunkte bei der Behandlung unterschiedlich sind.

Bei den leichten Formen steht die Psychotherapie ganz im Vordergrund, jedoch kann bei ungenügender Besserung eine vorübergehende Medikamentengabe nützlich sein. Die mittelschweren Erkrankungen erfordern ebenfalls Psychotherapie, wenn sich hier auch die zusätzliche Einnahme von Antidepressiva fast immer als wichtig erweist. Bei den schweren Depressionen sind antidepressive Medikamente unumgänglich, um die unerträgliche Qual zu lindern und einen Suizid zu verhindern. Eine Psychotherapie, die sich die Bearbeitung von Konflikten zum Ziel setzt, kommt hier vorerst nicht in Frage.

Bis vor wenigen Jahren wurde zwischen den Formen *reaktive*, *neurotische* und *endogene Depression* ganz klar unterschieden. Von reaktiver Depression sprach man, wenn sich vor dem Ausbruch der Depression ein schwerwiegendes als Ursache verstandenes Ereignis fand. Mit neurotischer Depression meinte man eine langanhaltende depressive Entwicklung. Als endogene (= von innen heraus entstandene) Depression wurde die in abgegrenzten Phasen auftretende Erkrankung bezeichnet, deren Ursache unbekannt war. Man vermutete, daß sie erblich bedingt sei

Aber in den vergangenen Jahrzehnten hat sich herausgestellt, daß sich diese Gruppen nicht scharf voneinander trennen lassen. Neurotische Depressionen können in »endogene« übergehen, ebenso reaktive, bei denen eines Tages Phasen auftreten, für die sich keine Anlässe mehr finden. Und umgekehrt hat man bei den sogenannten endogenen Depressionen gefunden, daß fast immer auch Umwelteinflüsse und Persönlichkeitsprobleme bei ihrer Entstehung eine Rolle spielen, also neurotische und reaktive Faktoren von Bedeutung sind. So teilt man heute die Depressionen vielfach nur noch nach ihrem Schweregrad ein und fügt hinzu, ob es sich um ein phasenhaftes Geschehen, um eine einmalige Episode oder einen langanhaltenden Zustand handelt.

Früher war man der Meinung, nur die endogene, in Phasen verlaufende Depression würde auf antidepressive Medikamente ansprechen. Dies hat sich aber als Irrtum erwiesen. Bei allen Depressionen scheint, unabhängig von der Art ihrer Entstehung, eine Störung des Gleichgewichts zwischen bestimmten chemischen Substanzen im Gehirn, sogenannten Neurotransmittern, vorzuliegen. Die antidepressiven Medikamente greifen hier ein. Diese Vorgänge sind sehr kompliziert und nicht völlig geklärt.

___ Vermutungen über die Entstehung
schwerer Depressionen

Wie schon im Vorwort gesagt, haben Vermutungen über die Ursache von Depressionen Folgen für die Art der Behandlung, die dem Kranken vorgeschlagen wird.

Generell zeigt sich in der Geschichte der Psychiatrie, daß Zeiten wechselten, in denen ein körperlicher Grund für alle psychischen Erkrankungen angenommen wurde, mit Zeiten, in denen an eine geistige oder psychische Verursachung geglaubt wurde. Einige Jahrzehnte lang in diesem Jahrhundert wurde vor allem in Amerika unter dem Einfluß der Freudschen Forschungen überwiegend nur an eine psychische Bedingtheit der Depression gedacht. Aber neuerdings wird dort die biologische, also körperliche Verursachung, stark betont. Auch bei uns herrscht zur Zeit in der Psychiatrie die Meinung vor, daß Depressionen auf angeborene Stoffwechselveränderungen im Gehirn zurückzuführen sind. Es wird zwar fast immer Umweltfaktoren eine zusätzliche Bedeutung beigemessen, als wesentlich werden jedoch die biologischen Ursachen angenommen.

Für Veränderungen im Hirnstoffwechsel sprechen tatsächlich viele Untersuchungsbefunde. Nur liegen bisher keine Belege dafür vor, daß diese angeboren sind; sie können mit gleicher Wahrscheinlichkeit auch erst im Lauf des Lebens durch wiederholte seelische Verletzungen entstanden sein.

Fast jedem leuchtet ein, daß sich beispielsweise psychisch Belastendes schwer auf den Magen legen kann und sich durch wiederholte Konflikte schließlich ein Magengeschwür entwickelt. Seelisches hat eine Körperfunktionsstörung bewirkt. Bei den psychosomatischen Erkrankungen, wie zum Beispiel dem Bronchialasthma oder der Colitis ulcerosa, werden seit langem solche Wechselwirkungen zwischen Psychischem und Körperlichem angenommen. Hier wird medikamentöse Behandlung mit Psychotherapie kombiniert. Man folgert aus der Annahme, daß seelische Ursachen entscheidend für die Entstehung dieser Leiden sind, nicht, daß nur Psychotherapie hilft. Zu diesem fatalen Fehlschluß gelangen bei der Behandlung der schweren Depression leider noch heute viele Psychotherapeuten, wenn sie von deren psychischer Verursachung überzeugt sind. Dabei kann man sich meines Erachtens die Fixierung eines Depressionsleidens in körperlichen Strukturen unter langfristigen seelischen Belastungen ganz ähnlich vorstellen wie die Entstehung der psychosomatischen Erkrankungen und entsprechend kombinierte Behandlungen vornehmen.

Wenn Menschen der Meinung sind, daß sie an einer körperlichen Erkrankung leiden, haben sie keine starken inneren Widerstände, sich auf körperlichem Wege, nämlich durch Medikamente, helfen zu lassen. So hat die in der Psychiatrie heute vielfach geäußerte Annahme, die Depression werde durch eine angeborene Stoffwechselstörung in bestimmten Hirngebieten hervorgerufen, sie habe also biologische Ursachen, bei manchen depressiven Menschen wie eine Befreiung gewirkt. Sie hatten sich über Jahre in verschiedenen Psychotherapien vergeblich bemüht, eine Beeinflussung ihres Depressionsleidens zu erreichen, und sahen es als zusätzlichen Beweis ihrer Minderwertigkeit an, daß sie in der Psychotherapie versagt hätten. Die Versicherung, es liege bei ihnen eine Stoffwechselstörung vor, bewirkte eine Entlastung von diesem Schuldgefühl.

Die meisten depressiven Menschen aber erleben, daß ihre Depression durch belastende Begebenheiten oder Umstände ihres Lebens herrühren. Und ich meine, es sind tatsächlich diese lebensgeschichtlichen Ereignisse die ausschlaggebenden Faktoren bei der Verursachung der meisten Depressionsleiden. Ein Anlagefaktor könnte dabei durchaus vorliegen, oder aber die Bereitschaft, depressiv zu reagieren, könnte schon im Säuglingsalter erworben sein. Wenn man aber bedenkt, daß jeder fünfte, nach manchen Forschern sogar jeder vierte Mensch im Lauf seines Lebens einmal oder wiederholt eine Depression durchmacht, ist eine Häufung depressiver Erkrankungen in einer Familie keineswegs ein Hinweis auf ein erbliches Leiden. Ob man eine schwere Depression entwickelt oder nicht, scheint in den meisten Fällen davon abzuhängen, welche besonderen Verwundungen den Menschen treffen. Lang anhaltende seelische Belastungen, so könnte man annehmen, führen zu einer Störung im Gleichgewicht der Neurotransmitter in bestimmten Hirngebieten. Sie wiederum verursachen die Symptome der Depression, und die antidepressiven Medikamente greifen in diese Stoffwechselveränderung ein.

Wenn man davon ausgeht, daß die schwere Depression in vielen Fällen erst die Endstrecke einer langdauernden belasteten seelischen Entwicklung ist, dann können natürlich mit antidepressiven Medikamenten nicht die Ursachen der Depression beeinflußt werden. Aber diese von Psychotherapeuten oft gering geschätzte Symptombehandlung mit Antidepressiva bewirkt in den meisten Fällen, daß der gefährliche Kreislauf von Hoffnungslosigkeit und Stillstand des Lebens unterbrochen wird. Erst danach ist eine Beeinflussung von Konfliktsituationen möglich.

Bei allen schwer oder mittelschwer depressiv erkrankten Menschen, die ich gut kennenlernte, trat ihre

Depression erst nach einer langen Entwicklung auf; zunächst oft als kaum erkennbare leichte Depression oder depressive Grundstimmung, zu der dann im Lauf ihres Lebens zahlreiche verletzende Erlebnisse hinzukamen. Fast immer hatte ich den Eindruck, daß die Depressionen, die später einen eigengesetzlichen, phasischen Verlauf nahmen, nicht ausgebrochen wären, wenn diesen Menschen große seelische Belastungen erspart worden wären. Auch bei meiner Schwester wäre wohl nie die schwere Erkrankung entstanden, wenn ihr in der Kindheit zu mehr Selbstsicherheit verholfen und wenn es im Lauf ihres Erwachsenenlebens nicht zu vielen zusätzlichen Belastungen gekommen wäre. Wie schwer eine Verwundung ist, hängt von der betroffenen Persönlichkeit ab.

In der tiefenpsychologischen Literatur stellen Verlusterlebnisse und wiederholte Kränkungen des Selbstwertgefühls zwei besonders wichtige Ereignisse dar, die dazu beitragen, daß ein von früher Kindheit an verletzliches, geschwächtes Ich schließlich in einer schweren Depression zusammenbrechen kann. Das Erlebnis, das unmittelbar der Depression vorausgeht, ist oft nur eins – manchmal ein besonders schweres – in einer langen Reihe von seelischen Erschütterungen.

In diesem Zusammenhang will ich nur ganz kurz von zwei Menschen berichten, bei denen eine mittelschwere Depression vorlag.

Ein warmherziger Mann, der in seiner Kindheit und Jugend sehr einsam war, litt in seiner Ehe unter dem kühlen Verhalten seiner Frau. Da sie aber eine gut sorgende Mutter seiner Kinder war, lag für den verantwortungsbewußten, religiös gebundenen Mann trotz seines Leidens keine Berechtigung vor, aus der Ehe auszubrechen. Als dann aber hinzukam, daß er sich immer weniger mit den Zielen seines nur gewinnorientierten Arbeitgebers identifizieren konnte, brach die Depression aus. Sie besserte sich schnell unter medikamentöser Behandlung, so daß er nie mit der Arbeit aussetzen mußte. Entscheidend für den weiteren günstigen Verlauf war aber, daß er während der ein Jahr dauernden Psychotherapie deutlich sah, daß er seinen Arbeitsplatz aufgeben mußte. Nach einiger Zeit kündigte er und nahm eine Tätigkeit in einer gemeinnützigen Institution an. Sie brachte ihm zwar finanzielle Nachteile, gab ihm aber Befriedigung.

Eine Frau wurde von ihrem Mann daran gehindert, sich als Musikerin weiterzubilden. Als dann noch verlangt wurde, daß sie mit ihm und den Kindern aus ihrem Heimatland, in dem sie sehr verwurzelt war, fortziehen sollte, wurde sie depressiv. Auch bei ihr brachte erst die Besserung der Depression durch antidepressive Medikamente die Möglichkeit, intensiv in der Psychotherapie an sich zu arbeiten. Nach Jahren gelang es ihr, sich von ihrem Mann zu trennen und in ihr Heimatland zurückzukehren. Ihr Leben war anschließend äußerlich viel schwieriger, aber es bestand für sie nicht mehr der zermürbende Konflikt, ob sie sich von ihrem Mann trennen solle oder nicht, um ihr musikalisches Talent weiter ausbilden zu können.

Bei beiden Menschen scheint es zur endgültigen Heilung ihrer Depressionserkrankung gekommen zu sein. Ist eine schwere phasische Depression verhindert worden?

Auch weitere Erfahrungen führen mich zu der Frage, ob bei leichten und mittelschweren Depressionen die Entwicklung zu einer eigengesetzlich verlaufenden phasischen Erkrankung verhindert werden kann durch geeignete Psychotherapie, die aber oft erst möglich wird nach Aufhellung der Stimmung und Besserung des Antriebs unter antidepressiven Medikamenten.

Bei meiner Schwester wäre es wohl nicht zu der schweren Depression gekommen, wenn sie in den Jahren vor dem Ausbruch ihrer ersten depressiven Episode psychotherapeutische und psychiatrische Hilfe gehabt hätte. Durch den Umzug in eine fremde Stadt war ihr kein Psychotherapeut bekannt, an den sie sich hätte wenden können, als die schon jahrelang bestehende leichte Depression unter den vielen belastenden Lebensumständen immer mehr zunahm. Vielleicht wäre ihr – durch gleichzeitige Einnahme von antidepressiven Medikamenten – mit Unterstützung eines Therapeuten zumindest der Wechsel ihrer Arbeitsstelle möglich gewesen. Ihre Machtlosigkeit gegenüber den Leiden der schwerkranken Kinder trug sicher zu ihrem Zusammenbruch bei.

»Gefühlstypen« bei schweren phasischen Depressionen

Ich glaube, es ist kein Zufall, daß ich unter den Menschen, die an phasischen Depressionen leiden, so viele erlebte, die in ihrem Wesen in besonderem Maß durch ihr Gefühl geprägt sind. Die meisten von ihnen könnte man als introvertierte Gefühlstypen im Sinne von C. G. Jung bezeichnen. Mit introvertiert ist gemeint, daß das Erleben nach innen genommen und nicht im Außen gelebt wird. Sie können ihr inneres Erleben anderen schwer mitteilen. Menschen, die ein stark entwickeltes Gefühlsleben haben, sind besonders offen für alles Schöne, aber auch für alles Schwere auf der Welt. Manche von ihnen sind wehrlos den Nachrichten über Krieg, Verfolgung, Hungersnöte ausgeliefert. Das einmal Gehörte oder Gelesene über Grausamkeiten vergessen sie nicht, und sie leiden sehr an der Schädigung unserer Umwelt. Sie können Schweres, das sie erleben, viel weniger zurückdrängen als andere. Die Möglichkeit, seelisch Belastendes nach kurzer Zeit abzuspalten, ist ihnen nicht gegeben, und sie sind dadurch sehr verwundbar. Der Umgang mit einigen vertrauten Menschen ist ihnen wichtig; in großen Gruppen fühlen sie sich nicht wohl. Im Beruf streben sie keine führende Stellung an. Sie sind verläßliche Ehepartner und Freunde, liebevolle Mütter und Väter, naturverbunden und Tieren sehr zugetan. Schön und geordnet sollte ihre häusliche Umgebung sein und ein übersichtlicher, geregelter Tagesablauf ist ihnen oft wichtig.

Die Umstellung auf eine neue Situation fällt ihnen schwer, was sich aus ihrer gefühlsmäßigen Verbundenheit mit dem Vertrauten erklären läßt. Diese Eigenschaft wird von einigen Forschern sehr hervorgehoben, und sie

81

sehen darin eine Gefährdung zur Depression. So sind diese Menschen besonders verwundbar durch Verlust ihrer gewohnten Umgebung, etwa durch Umzug, und vor allem durch Verlust von Menschen, sei es durch äußere Trennung oder durch innere Entfremdung. Ich meine, dies läßt sich auch in der Lebensbeschreibung meiner Schwester feststellen.

Menschen, die durch ihr Gefühl leben, sind in einer Zeit, die auf Leistung, Rationalität und materielle Werte ausgerichtet ist, wenig beheimatet und ständig verletzbar. (Die Gegentendenzen, die zwar auf vielen Gebieten, vor allem bei der jüngeren Generation, zu erkennen sind, haben sich noch keineswegs genügend durchgesetzt.) Sie können das, was ihr Wesen ausmacht, nicht genügend leben. Ihr Sinn für das Schöne, für die Natur, für Freundschaft und Liebe werden weit weniger geschätzt als Fähigkeiten auf rein intellektuellem, leistungsbezogenem Gebiet. So erfahren sie oft schon von der Kindheit an weniger Anerkennung als die, bei denen Denken und Rationalität im Vordergrund stehen. Diese geringere Wertschätzung trägt zu ihrer Verwundbarkeit bei, denn nicht nur als Kleinkind, sondern auch als Erwachsener brauchen wir es, daß wir in unserem eigentlichen Wert wahrgenommen und so, wie wir sind, geliebt und anerkannt werden. Die durch ihr Gefühl bestimmten Menschen brauchen dieses liebevolle Wahrgenommenwerden deshalb besonders, weil ihnen Bezogenheit auf andere das Wichtigste ist.

Fritz Riemann beschreibt in seinem Buch »Grundformen der Angst«* für die depressive Persönlichkeit eine gemüthaft-gefühlswarme Anlage, Liebesbereitschaft und Liebesfähigkeit sowie eine große Einfüh-

---

* München 1999 (Erstausgabe 1961).

lungsgabe. Oft, so sagt er, sind diese Züge verbunden mit einer haftenden Schwerblütigkeit und Anhänglichkeit, die es den zur Depression disponierten Menschen schwermachen, sich von dem zu lösen, was ihnen viel bedeutet. Sie haben zuwenig Ellenbogen, sind von Natur friedfertig, gutartig und wenig kämpferisch. Eine andere Komponente ihres Wesens ist Durchlässigkeit, gleichsam Hautlosigkeit, ein Mangel an dickem Fell, das sie mehr angewiesen sein läßt auf Beschützt- und Gestütztwerden. – Als ich vor kurzem die Schilderung dieses Menschentyps von Riemann noch einmal las, war ich betroffen, in wie vielen Bezügen seine Beschreibung auch auf meine Schwester zutrifft.

___ Warum erkranken mehr Frauen als Männer
an Depressionen?

Unter den Menschen, die einmal oder mehrfach in
ihrem Leben an Depressionen erkranken, sind doppelt
so viele Frauen wie Männer.

Naheliegend war es von jeher, in den hormonellen
Schwankungen der Frau eine Bereitschaft zur Depression zu sehen. Prämenstruelles Syndrom, Wochenbettde-
pression und depressive Verstimmungen im Klimakte-
rium weisen zwar in diese Richtung, dennoch sind sie
keine ausreichende Erklärung für das häufigere Vor-
kommen von Depressionen bei Frauen; eine Behandlung mit weiblichen Hormonen etwa bringt keine Besserung.

Eine andere Vermutung ist, daß Männer bei seelischen Belastungen eher in Suchtverhalten, besonders in
Alkoholsucht, ausweichen, während Frauen depressiv
würden. Eine weitere Erklärung wäre, daß Frauen eher
gewohnt sind, über ihre Gefühle zu sprechen und dadurch eine Depression bei ihnen häufiger erkannt wird
als bei Männern. Diese Annahme käme aber nur bei
leichten Depressionen in Betracht. Eine schwere Depression kann auch ein Mann nicht verbergen.

Es ist schon fast ein Klischee, wenn man von der
stärkeren Gefühlsbezogenheit von Frauen und der stärkeren Leistungsbezogenheit von Männern spricht. Sofort fallen jedem von uns zahlreiche Menschen ein, auf
die dies überhaupt nicht zutrifft. Es gibt Frauen, die sehr
abgespalten von ihrem Gefühl sind, und umgekehrt
Männer, die der Umwelt primär mit ihrem Gefühl be-
gegnen. Und doch ist etwas Richtiges an der Feststel-
lung, daß Frauen häufiger als Männer vom Gefühl her
leben. Untersuchungen haben nämlich gezeigt, daß klei-

ne Mädchen und Frauen viel mehr dazu tendieren, sich mit den Menschen ihrer Umgebung und ihrer Umwelt verbunden zu fühlen und Entscheidungen auf ihre Mitmenschen abzustimmen. Jungen und Männer dagegen richten sich mehr nach Konventionen, Normen und Gesetzen.

Von den vorkommenden Belastungen in der Zeit kurz vor dem Ausbruch einer schweren Depression betreffen einige besonders Frauen. Fehlende menschliche Unterstützung durch den Ehepartner ist für sie ein Streßfaktor. Auch sind unter Depressiven gehäuft alleinstehende Frauen mit kleinen Kindern, die keiner Berufsarbeit nachgehen können. Hier ist zu vermuten, daß einerseits Vereinsamung – denn kleine Kinder sind kein Ersatz für nahe Beziehungen zu Menschen der gleichen Generation – und andererseits fehlende Anerkennung zum Ausbruch einer Depression beitragen.

Bedeutsam ist, daß die Zahl der jüngeren Männer, die an Depressionen leiden, zunimmt. Könnte es daran liegen, daß heute mehr Männer weibliche Eigenschaften in sich entwickeln, also mehr Gefühlswerte? So kümmern sich zunehmend Männer liebevoller um ihre Kinder. Sie sind auch bereit, materielle Opfer zu bringen, nicht nur um ihrer Frau die Berufsarbeit zu ermöglichen, sondern auch aus dem Bedürfnis heraus, den Kindern nahe zu sein und ein weniger leistungsbezogenes Leben zu führen. Sind immer mehr Männer nicht mehr in der Lage oder bereit, Schmerzliches abzuspalten und dadurch vordergründig gesund zu bleiben, also nach außen hin gut zu funktionieren? Oder liegt es daran, daß sie bei einem freiwilligen oder erzwungenen Verzicht auf Erfolg im Beruf durch die fehlende Anerkennung ihr Selbstwertgefühl gefährden?

Nach allem scheint mir, als seien Menschen, die

vom Gefühl her leben, schon allein dadurch gefährdet, einmal an einer Depression zu erkranken.

Widerstände gegen die medikamentöse Behandlung bei Depressionen

Eine großangelegte Untersuchung in der Bevölkerung der BRD 1990 ergab, daß nur 20 Prozent eine medikamentöse Behandlung der Depression für richtig ansahen. 45 Prozent waren sogar ausdrücklich dagegen, vor allem wegen der Nebenwirkungen und der Suchtgefahr. Ich vermute, daß der Widerstand gegen die Einnahme antidepressiver Medikamente, die ja in den meisten Fällen sehr hilfreich sind, in den letzten Jahren durch Aufklärung in den Medien, vor allem im Fernsehen, etwas abgenommen hat. Es fällt aber auf, daß bei den vielen Sendungen über dieses Thema nur nebenbei – so als sei es beschämend – von der Wirkung der Antidepressiva gesprochen wird. Und dies geschieht auch da, wo bei den Teilnehmern, die eine schwere Depression durchgemacht haben, erst durch die Medikamente die Wende zum Positiven erfolgte.

Zwar klingen die meisten Depressionen schweren Grades von selbst wieder ab – um allerdings sehr häufig über kurz oder lang erneut auszubrechen. Die einzelnen Phasen dauern dann aber mehrere Monate oder sogar ein Jahr und länger. Antidepressiva beschleunigen die Aufhellung der Depression ganz erheblich. Und das bedeutet Verkürzung der Qual und Verringerung der Suizidgefahr. Es erscheint mir deshalb sehr wichtig, den Gründen für die negative Einstellung den antidepressiven Medikamenten gegenüber nachzugehen. Erst wenn diese Widerstände erkennbar sind, können sie vielleicht teilweise oder sogar ganz abgebaut werden.

Angst vor Süchtigwerden durch die Antidepressiva

Häufig besteht die Befürchtung, wie auch aus der Studie von 1990 hervorgeht, antidepressive Medikamente würden süchtig machen. Dies ist nicht der Fall, so wenig wie Mittel gegen die Zuckerkrankheit oder gegen Bluthochdruck eine Sucht erzeugen. Wenn die Antidepressiva wirken – und in einem Großteil der Depressionen helfen sie –, dann pendelt sich die Stimmungslage wieder auf das normale Niveau ein. Sie rufen die von Drogensüchtigen gesuchte Euphorie nicht hervor und werden deshalb nicht von diesen eingenommen, auch weil sie unangenehme Nebenwirkungen haben.

Angst vor der Gefährlichkeit und vor den Nebenwirkungen der antidepressiven Medikamente

Viele sind der Meinung, daß Antidepressiva sehr gefährliche, den Menschen körperlich und seelisch schädigende Substanzen sind. Eine skandinavische Studie ergab, daß ein Großteil der Bevölkerung ihre Gefährlichkeit gleichsetzt mit Atomstrahlen, Insektenvertilgungsmitteln und Zytostatika. Dies ist falsch. Zwar gibt es kein Medikament, auch kein Naturheilmittel, das nicht schädlich sein kann, vor allem in zu hoher Dosierung. Und bei den Psychopharmaka, zu denen die Antidepressiva gehören, werden zahlreiche mögliche Schädigungen beschrieben, zum Beispiel der Blutbildung, von Leber und Nieren. Sie sind aber extrem selten und können durch Absetzen des Mittels fast immer behoben werden. Wir unterlassen es auch nicht, Blutdruck- und Herzmittel einzunehmen, wenn sie nötig sind, obwohl es hier ebenfalls eine Reihe möglicher, aber seltener Schäden gibt.

Jedoch treten bei antidepressiven Medikamenten häufig Nebenwirkungen auf, das heißt verschiedene unangenehme körperliche Erscheinungen, die die antidepressive Wirkung begleiten. Hat ein Patient einmal bei einer früheren Behandlung unter Nebenwirkungen eines Antidepressivums sehr gelitten oder von anderen darüber gehört, so hat er verständlicherweise Widerstände gegen ihre Einnahme. Im folgenden Kapitel über die medikamentöse Behandlung will ich über die Nebenwirkungen mehr sagen, vor allem auch, wie sie zu verringern oder ganz aufzuheben sind. Dennoch darf nicht geleugnet werden, daß sie manchmal eine sehr große Last für den Kranken sind. Sie hören aber immer auf, wenn das Mittel nicht mehr gegeben wird, und sie hinterlassen keine bleibenden Schäden.

Angst vor Produkten der chemischen Industrie

Ein weiterer Grund für die Zurückweisung der antidepressiven medikamentösen Therapie liegt meines Erachtens in dem zunehmenden Widerstand gegen die Einnahme von Produkten der pharmazeutischen Industrie, die mit Hinwendung zu naturgemäßen Heilverfahren verbunden ist. Auch viele an Depressionen leidende Menschen sind der Alternativmedizin gegenüber positiv eingestellt. (Über Johanniskraut s. S. 96f.)

Womit hängt diese Abneigung gegen viele der schulmedizinischen Maßnahmen zusammen? Offensichtlich ist das Pendel in der Heilbehandlung in diesem Jahrhundert zu sehr in einer Richtung ausgeschwungen. Vorher gab es im wesentlichen nur Ganzheitsmedizin oder das, was heute unter den Begriff Alternativmedizin fällt. Durch die Entdeckung der Bakterien, der Antibiotika, der Narkosemittel und so weiter und der dadurch erst möglichen chirurgischen Eingriffe ist sehr viel Hilfreiches geschehen. Plötzlich fielen viel weniger Menschen den häufigen Infektionskrankheiten zum Opfer. Fasziniert von den segensreichen Wirkungen der modernen Medizin wurde der Blick nur noch auf einen einzelnen Punkt im Menschen – auf seine mit Antibiotika zu behandelnde Lungenentzündung oder auf seinen zu operierenden oder zu bestrahlenden Tumor – gerichtet und der Mensch als Ganzes, als Leib-Seele-Einheit, vernachlässigt. Man bemerkt aber heute mehr und mehr auch in schulmedizinischen Kreisen, daß Maßnahmen, die den ganzen Menschen positiv beeinflussen – unter anderem über die Stärkung seines körpereigenen Abwehrsystems –, eine günstige Wirkung auf Heilvorgänge haben. Doch kaum ein ganzheitlich arbeitender Therapeut würde beispielsweise bei einem noch nicht metastasierenden Krebsleiden auf eine Operation verzichten oder es versäumen, ein Kind mit einer Hirnhautentzündung mit Antibiotika zu behandeln. Die Erkenntnisse der Schulmedizin bei allen schweren Erkrankungen nicht zu nützen, wäre unverantwortlich. Und langanhaltende und sehr tiefe Depressionen sind schwere lebensbedrohliche Krankheiten.

Ein zwar nicht so sehr in die Augen springender, aber dennoch wichtiger Grund, Depressionen nicht zu lange dauern zu lassen, auch nicht leichtere, liegt in der Verhinderung der körperlichen Abwehrschwäche. Depressive Menschen haben, wohl bedingt durch den langjährigen Streß, der schließlich zu ihrer Depressionserkrankung führte, ein geschwächtes Immunsystem. Dies macht sie anfälliger für verschiedene Körperkrankheiten. Ihre Lebenserwartung ist dadurch geringer als bei Menschen, die nicht unter Depressionen leiden.

Das Bedürfnis, an den eigenen Lebensproblemen zu arbeiten

Der Hauptgrund aber, eine medikamentöse Behandlung nicht zu suchen oder sie abzulehnen, liegt wohl noch tiefer als in der Angst vor schädlichen Wirkungen antidepressiver Medikamente. Zu deutlich ist es meist für den Depressiven, daß sein Leiden mit den Belastungen seines Lebens zusammenhängt. Daß da Medikamente helfen sollen, erscheint abwegig.

Außer in ganz tiefen Depressionen mit der fast vollständigen Lähmung von Freude und Antrieb ist es den meisten Menschen ein zentrales Anliegen, ihr Leben aus eigener Kraft zu meistern. Besonders unter denen, die später an einer Depression erkranken, fällt schon lange Zeit vor Beginn ihres Leidens eine Strenge gegen sich selbst auf. Sie erheben den Anspruch an sich, immer ihr Bestes zu geben. Anstrengung und eigene Leistung sind bei ihnen hohe Werte, um das geringe Selbstwertgefühl zu stützen. Wenn sie nicht von nahestehenden Menschen dazu gedrängt werden, dauert es deshalb sehr lange, bis sie Hilfe suchen. Einsam und zunehmend verzweifelt kämpfen sie um die Bewältigung ihrer täglichen Aufgaben. Sind sie schließlich überzeugt, daß sie krank sind, sind viele bereit, zu einem Psychotherapeuten zu gehen; aber die Einnahme von Medikamenten erscheint ihnen weiterhin falsch. Zu der in einer Psychotherapie erforderlichen Auseinandersetzung sind sie jedoch in schweren Depressionen nicht mehr in der Lage. Jetzt benötigen sie zunächst Medikamente. Verheerend wirkt es sich aber aus, wenn sie einfach mit einem Rezept abgespeist werden. Sie brauchen auch dringend menschliche Zuwendung.

___ Medikamentöse Behandlung

Die medikamentöse Therapie der schweren Depression ist oft schwierig. Deshalb muß sie Schritt für Schritt ärztlich überwacht werden. Zu den meisten Fehlschlägen kommt es, wenn nicht zu Beginn der Behandlung ein enger Kontakt zu einem Arzt besteht. Angehörige und Freunde müssen helfen, daß dieser stattfindet.

Aus bisher unbekannten Gründen reagieren die einzelnen Menschen verschieden auf die antidepressiven Medikamente, und auch Nebenwirkungen dieser Mittel treten in sehr unterschiedlicher Weise und Stärke auf. Die am häufigsten zu erwartenden Nebenwirkungen wird der Arzt schon bei der ersten Besprechung nennen: Müdigkeit, Benommenheit, trockenen Mund, leichtes Schwindelgefühl oder Sehstörungen, die mit der Wirkung auf einige Augenmuskeln zusammenhängen. Bei einer neueren Gruppe von Mitteln (SSRI), die von den meisten Menschen gut vertragen werden, kommt es dennoch gelegentlich zu Magenbeschwerden und Übelkeit oder zu Erregung und Schlafstörungen; bei Männern nicht selten zu Sexualstörungen.

Einige der Nebenwirkungen gehen, ohne daß die Menge des Antidepressivums verringert wird, nach kurzer Zeit in ihrer Stärke zurück, andere jedoch bleiben während der ganzen Dauer der Behandlung bestehen. Alle verschwinden aber, ohne Folgen zu hinterlassen, kurze Zeit nach dem Absetzen des Medikaments. Sollte eine Nebenwirkung zu stark sein, was nicht voraussagbar ist, muß dieses Mittel durch ein anderes ersetzt werden. Wenn ein Mensch sich ohnehin durch seine Depression psychisch und körperlich sehr beeinträchtigt fühlt, sind zusätzliche Beschwerden durch ein Medikament schwer erträglich, solange sich noch nicht eine Linderung der Depression zeigt. Bei schwerst depressiven Menschen spielt jedoch Müdigkeit kaum eine Rolle, da sie ja, wie körperlich Schwerkranke, viel im Bett liegen müssen und Schläfrigkeit durch zusätzliche beruhigende Mittel angestrebt wird.

Ich betone hier die Möglichkeit von unangenehmen bis unerträglichen Nebenwirkungen der Antidepressiva so stark, weil sie fast immer der Grund dafür sind, daß ein Depressiver die Behandlung abbricht. Und dies geschieht sehr zu seinem Schaden, weil sich sein Leiden nun unnötig verlängert.

Sollte sich ein Kranker nicht genügend respektiert fühlen, auch nicht in seiner Angst vor Medikamenten und ihren Nebenwirkungen, oder sollte der Arzt, vor allem in der ersten Zeit, solange noch keine positive Wirkung der Antidepressiva eingetreten ist, nicht genügend Zeit für häufige persönliche oder telefonische Kontakte haben, dann müssen Angehörige oder Freunde helfen, einen anderen Arzt zu finden. Es kann gar nicht oft genug gesagt werden, wie sehr depressive Menschen auf die aktive Hilfe anderer bei allen Schritten zur Hilfesuche angewiesen sind, denn Antriebsarmut und Resignation sind ja Symptome ihrer Erkrankung.

Wenn ich hier so viel über Nebenwirkungen der antidepressiven Mittel schreibe, so muß ich gleichzeitig betonen, daß sie in den meisten Fällen erträglich sind und oft auch gar nicht auftreten.

Bisher weiß man ja leider nie im voraus, welches Mittel beim einzelnen Menschen die Depression beeinflußt und welches nicht. Allen aber ist gemeinsam, daß sie anscheinend die Verfügbarkeit bestimmter Stoffe im Gehirn, wie Serotonin, Adrenalin und andere, erhöhen.

Aus zahlreichen Untersuchungen geht hervor, daß alle Antidepressiva in etwa zwei Dritteln der Fälle helfen. Bei einem Teil der Kranken muß ein anderes gegeben werden, wenn sich die Unwirksamkeit des ersten Mittels nach 1 bis 2 Wochen – leider nicht sofort – zeigt. Vielleicht läßt sich eines Tages feststellen, an welcher Stelle die Störung im Hirnstoffwechsel liegt, so daß man gezielt das richtige Mittel einsetzen kann. Aber solche Untersuchungen sind bisher noch nicht möglich.

Es kann also gelegentlich längere Zeit dauern, bis das wirksame Antidepressivum für einen erkrankten Menschen gefunden ist. Und selbst wenn gleich bei der ersten Verschreibung das hilfreiche Medikament getroffen wurde, dauert es nach ausreichend hoher Dosierung meist eine Woche, bis die ersten Zeichen der Stimmungsaufhellung auftreten. Für die volle Wirkung werden oft vier bis sechs Wochen benötigt. Dieser Zeitraum ist bei einem schwer depressiven Menschen, der sehr leidet und suizidgefährdet ist, viel zu lang.

Wegen seiner Angst, Unruhe und schweren Schlafstörungen setzt man zu Beginn der Behandlung zusätzlich schnell wirkende Tranquilizer (Beruhigungsmittel) ein. Die Tranquilizer sind keine Antidepressiva und verkürzen die depressive Phase nicht. Aber sie bewirken innerhalb von 60 Minuten ein Nachlassen der Angst und rufen Beruhigung und Entspannung hervor.

Drogensüchtige Menschen nehmen oft verschiedene Tranquilizer in großen Mengen zusätzlich zu anderen Abhängigkeit verursachenden Stoffen ein. Mit Recht wird auf die Suchtgefahr dieser Medikamentengruppe hingewiesen.

Wenn also bei einem depressiven Menschen aufgrund seiner Vorgeschichte Suchtgefahr zu vermuten ist, muß man zur Linderung der Schlafstörungen und der Angst auf Neuroleptika ausweichen. Sie machen nicht süchtig, haben aber, wie Antidepressiva, einige unangenehme Nebenwirkungen. Tranquilizer gibt man nur solange, bis sich die Symptome der Depression gebessert haben; sie müssen dann, vor allem wenn sie in höherer Dosierung eingenommen wurden, sehr langsam vermindert und schließlich abgesetzt werden.

Sehr wichtig ist auch, daß Antidepressiva genügend hoch dosiert werden. Viele Kranke verringern von sich aus die Dosis, weil sie so weniger oder keine Nebenwirkungen spüren. Es sieht aber so aus, als sei immer eine Mindestmenge eines Medikaments erforderlich, die jedoch bei den einzelnen Menschen unterschiedlich ist. Bei zu niedriger Dosis tritt, selbst wenn das Mittel über sehr lange Zeit eingenommen wird, keine antidepressive Wirkung ein, und das Leiden verlängert sich unnötig.

Manche Kranke geben die Hoffnung auf, wenn ihnen – was aber selten vorkommt – zwei verschiedene Antidepressiva nicht geholfen haben. Es gibt jedoch noch andere Maßnahmen, die schließlich zu einem positiven Resultat führen, wie Höherdosierung des Antidepressivums, Zugabe von Lithium oder Schilddrüsenhormon, Schlafentzug, Lichttherapie und anderes mehr.

Ist eine Depression aufgehellt, sollte das Antidepressivum niemals gleich abgesetzt werden. Diese Tendenz besteht bei Menschen, die an phasenhaften Depressionen leiden. Sie sind so erleichtert über ihr wiedererlangtes Wohlbefinden, daß sie nichts mehr von ihrer Krankheit wissen wollen, denn Medikamente werden ja mit Kranksein in Verbindung gebracht.

Es ist zu vermuten, daß die Wirkung der antidepressiven Medikamente darin besteht, das aus dem Gleichgewicht geratene Neurotransmitter-System auf verschiedene Weise anzuregen, bis es sich durch Selbstheilungstendenzen des Körpers wieder erholt hat. Und dies geschieht im Verlauf von 5 bis 12 Monaten, gelegentlich auch erst nach längerer Zeit. Werden nun die Antidepressiva abgesetzt, ehe sich der Hirnstoffwechsel normalisiert hat, das heißt, ehe die Phase auch auf der Körperebene abgeklungen ist, so kommt es zum Wiederaufflackern der Depression. Das ist der Grund, warum nach völliger Aufhellung der Stimmung das Medikament noch weitere 6 Monate, bei schwerer Erkrankung bis zu einem Jahr, eingenommen und erst dann in langsamen Schritten verringert werden sollte. So vermindert sich die Rückfallgefahr ganz erheblich.

Hat ein Mensch schon zwei oder mehrere schwere Phasen durchgemacht, so ist eine vorbeugende Behandlung sehr hilfreich, weil sie das erneute Auftreten depressiver Episoden verhindern oder wenigstens in ihrer Häufigkeit und Stärke verringern kann. Hierfür kommt die Dauerverordnung eines Antidepressivums, von Lithium oder von einigen Mitteln aus der Epilepsiebehandlung in Betracht. Die besten Resultate bei dieser Prophylaxe haben sich bisher bei der Lithium-Einnahme gezeigt.

Möglicherweise beeinflußt Lithium den Serotoninstoffwechsel im Gehirn. Seine vorbeugende Wirkung setzt erst nach 6 Monaten oder später ein. Bei Lithium-Einnahme ist auf eine normale Kochsalzzufuhr und ausreichende Trinkmenge zu achten. Der Lithium-Spiegel im Blut muß anfangs häufig, später seltener kontrolliert werden. Da verschiedene Nebenwirkungen auftreten können und eine Überdosierung gefährlich ist, ist regelmäßiger Kontakt zum Arzt nötig.

Johanniskraut, ein pflanzliches Mittel mit wenig Nebenwirkungen, das seit langem in der Alternativmedizin als Antidepressivum bekannt ist, wird neuerdings endlich wissenschaftlich untersucht. Es hat sich bereits gezeigt, daß es bei leichten und mittelschweren Depressionen wirkt; ob gleich gut wie die bisher verwendeten Antidepressiva, muß noch in großem Ausmaß geprüft werden. Es gibt einige Hinweise, daß Johanniskraut-Extrakte in hoher Dosierung auch bei schweren Depressionen helfen. Aber um das beurteilen zu können, sind noch viele Untersuchungen erforderlich. Sollten Johanniskrautextrakte sich als gleich wirksam erweisen wie die anderen Antidepressiva, so hätte dies sehr positive Folgen, weil sich dann viel mehr Depressive behandeln lassen würden. Nach dem bisherigen Forschungsstand dürfen aber schwer Depressive heute noch nicht mit Johanniskraut-Extrakten behandelt werden, sondern mit den in ihrer Wirksamkeit gut untersuchten Antidepressiva.

In der Tiefe einer Depression, in ihrer Blockierung und Lebensverneinung, ist dem Kranken die Auseinandersetzung mit seinen Lebensproblemen noch unmöglich. Doch trotz seiner Hoffnungslosigkeit hilft ihm das Vertrauen des Therapeuten in seine Heilung. Er wird ja wieder gesund; und wenn er Medikamente erhält, kann das in nicht allzu langer Zeit eintreten. Aufforderungen zum Zeichnen, Malen oder Töpfern sind während der schweren Erkrankung verhängnisvoll. Der Depressive erlebt sich ohnehin nur als Versager, und jede weitere Erfahrung in dieser Richtung würde seine Verzweiflung verstärken. In der schweren Depression braucht er eine beschützende, pflegerische Haltung seines Therapeuten. Immer sollte er nach Suizidgedanken gefragt werden, um die Gefahr für sein Leben abschätzen zu können.

Äußerst wichtig ist auch die Zusammenarbeit des Arztes mit den Angehörigen. Sie brauchen viel Information über die Erkrankung, und sie müssen bei ihren oft schweren Problemen im Umgang mit dem Kranken Hilfe erhalten.

Etwas von der beschützenden, nichts fordernden Haltung muß die Psychotherapie von depressiven Menschen, die fast immer sehr tief in ihrem Selbstwertgefühl beeinträchtigt sind, auch in späteren Stadien beibehalten, wenn der Therapeut nach leichter Besserung der depressiven Antriebshemmung Schritt für Schritt mit dem Kranken die Bearbeitung seiner Lebensproblematik versucht. In einer Atmosphäre des Vertrauens und der Wertschätzung kann der Depressive früh verdrängte Gefühle der Einsamkeit, Angst und Enttäuschung, Leidvolles und Schuldhaftes wieder erleben und sich davon befreien. Auch wird er erfahren, daß niemand zerstört wird, wenn er sich etwa Haß und Neid bewußt macht, weil auch diese Gefühle ihre Berechtigung haben.

Träume führen in das Unbewußte seiner Seele. Bedeutungsvoll und vieldeutig, rätselhaft und fremd werden sie mit seinen Gefühlen, Phantasien und Einfällen dazu mit dem Therapeuten zusammen angesehen, und sie helfen, die Verbindung zu seinen Kindheitserfahrungen herzustellen. In seinen Träumen tauchen auch Bilder und Konflikte auf wie in Märchen, Helden- und Göttererzählungen – Bilder, die allen Menschen gemeinsam sind; das heißt, das kollektive Unbewußte wird aktiviert. Es kann eine große heilende Kraft davon ausgehen, wenn der Kranke erfährt, daß seine Leiden und Ängste typische Menschheitserfahrungen sind.

So wird auch das Erlebnis neuer, unbekannter Dimensionen sein Gefühl, wertvoll zu sein, weiter stärken. Dadurch wird er in die Lage versetzt, selbst zu handeln, manche Lebensumstände aktiv zu ändern, was wiederum seine Selbstachtung und Lebensfreude vermehrt.

Bei dem Umgang mit seinen Träumen und Phantasien taucht oft der Wunsch auf, Neues zu gestalten. So fängt er etwa an zu malen, zu töpfern, zu schreiben oder zu musizieren, und dies stärkt wieder sein Selbstwertgefühl und gibt ihm Befriedigung in einem bisher unbekannten Maß.

Die Frage nach der Bedeutung der Depression für sein Leben, nach ihrem Sinn, wird in jeder intensiven Psychotherapie – oft über die aus seinem Unbewußten aufsteigenden Bilder – ein wichtiges Thema. Und der Mensch wird seine individuelle Antwort suchen.

Wir wissen nicht, ob ein schweres, phasenhaft verlaufendes Depressionsleiden durch eine Psychotherapie einmal soweit ausheilt, daß keine Medikamente mehr erforderlich sind. Selbst wenn die Ursachen in den Lebensumständen, die zur Krankheit geführt haben, eines Tages nicht mehr bestehen, ist es vielleicht doch zum eigengesetzlichen Verlauf der phasischen Erkrankung gekommen. Die Regulationsstörung im Hirnstoffwechsel muß dann ständig oder über sehr lange Zeit medikamentös beeinflußt werden.

Manche Psychotherapeuten sind der Meinung, daß durch Medikamenteneinnahme die Motivation zur tieferen Auseinandersetzung mit der Lebensproblematik verringert wird. Dies trifft nach meiner Erfahrung nie zu.

Bei leichten und mittelschweren Depressionen, vor allem wenn sie deutlich im Zusammenhang mit belastenden Lebensumständen, Enttäuschungen, Verlusten und Kränkungen stehen, ist eine Psychotherapie dringend zu empfehlen. Es könnte auch sein, daß es dem Menschen dadurch möglich wird, sich etwa aus quälenden Beziehungen zu lösen und damit das Einmünden in eine schwere Depressionserkrankung zu verhindern.

Nicht nur bei mittelschweren Depressionen, sondern auch bei leichten Depressionen, bei denen sich nach einigen Wochen in der Psychotherapie keine Aufhellung der Stimmung und keine Besserung des verminderten Antriebs zeigt, sollte an die vorübergehende Einnahme antidepressiver Medikamente gedacht werden.

Besonders wichtig ist es meiner Schwester und mir, auf depressionsgefährdete Kinder aufmerksam zu machen. Bei nicht wenigen Kindern ist die Störung kaum auffällig, doch sind sie in Gefahr, in ihrem späteren Leben an einer Depression zu erkranken.

Da Mütter mehrerer Kinder, Erzieherinnen und Lehrer oft sehr angestrengt sind, gar nicht selten an der Grenze zur Überforderung stehen, sind ihnen die Kinder sehr erwünscht, die durch ihr braves, fleißiges Verhalten und ihr liebevolles Wesen keine Mühe machen. Diese Kinder werden nicht zum Schulpsychologen geschickt, sondern jene durch ihre Unruhe störenden, mit deutlichem Schulversagen, mit Sprachstörungen und so weiter; die Ängste der depressionsgefährdeten sind nicht sehr auffällig. Was macht es schon, wenn ein Kind wenig gute Leistungen in der Sportstunde erbringt, wenn es linkisch in seinen Bewegungen und schüchtern ist? Und doch sind es deutliche Hinweise auf ein geringes Selbstwertgefühl. Dies kann aber die Grundlage von Konflikten im weiteren Leben sein allein dadurch, daß der Mensch nicht stark genug ist, sich aus zu belastenden Situationen zu befreien.

Ich bin überzeugt, daß schon ganz einfache pädagogische Mittel helfen können, das Selbstbewußtsein von zu gehorsamen, angepaßten Kindern zu stärken. Man könnte ihnen zum Beispiel in einigen Extrastunden die Angst vor manchen Sportübungen nehmen und sie eventuell in eine behutsam geführte Gymnastikgruppe schicken. Ich glaube, daß gerade die Stärkung des Körpergefühls mit der Freude an Bewegung wesentlich zur Selbstsicherheit beiträgt. Oder man könnte diese Kinder zu Tätigkeiten auf Gebieten ermuntern, die ihnen liegen, wie Malen, Aufsatzschreiben, Singen, Blumen- und Tierpflege, und ihre Leistungen auf diesen Gebieten im gleichen Maße wertschätzen wie zum Beispiel Rechnen.

Auch sollte häufiger an eine Kinderpsychotherapie gedacht werden, in der durch die Förderung spielerischer und kreativer Fähigkeiten – über die ja alle Menschen verfügen – oft in erstaunlich kurzer Zeit Ängste sich verringern. Ungenügendes Selbstvertrauen ist nicht nur die Grundlage vieler Depressionserkrankungen, sondern auch zahlreicher anderer psychischer Leiden.

Alles was Angenommensein, Anerkennung und die Erfahrung des Geliebtwerdens im Kindesalter vermehrt, kann in seinem Wert für das ganze weitere Leben des Menschen nicht hoch genug eingeschätzt werden.

So glaube ich auch, daß meine Schwester gesund geblieben wäre, wenn in ihrer Kindheit der Grundstein für die Gewißheit, liebenswert zu sein und eine Lebensberechtigung zu haben, gelegt worden wäre.

Ist eine schwere Depressionserkrankung, wie meine Schwester sie durchgemacht hat, vorwiegend unter dem Gesichtspunkt einer Hirnstoffwechselstörung, also als biologisches Geschehen, zu sehen, oder aber vorwiegend in ihrer Verwobenheit von angeborener Gefühlsstruktur mit zahlreichen Belastungen? Ich meine, es sind die seelischen Verwundungen, die bei einem geschwächten Ich zum Ausbruch einer Depression führen können. Ein biologisches Geschehen steht dazu nicht im Widerspruch, denn es spricht vieles dafür, daß es durch jahrelange psychische Belastungen zu einer Störung im Körperlichen kommt – ähnlich wie bei den psychosomatischen Erkrankungen.

Entwicklung und Therapie depressiver Erkrankungen

Kurt und Gudrun Eberhard
Typologie und Therapie der depressiven Verstimmungen
Sammlung Vandenhoeck.
1997. 143 Seiten, Paperback
ISBN 3-525-01436-8

Kurt und Gudrun Eberhard haben auf der Basis langjähriger therapeutischer Erfahrungen, wissenschaftlicher Forschungsergebnisse und der Analyse psychographischer Romane systematisch die verschiedenen Ausprägungen der depressiven Verstimmungen untersucht. In ihrer Typologie werden die charakteristischen Verläufe, die dahinterliegenden psychodynamischen Mechanismen und die unterschiedlichen therapeutischen Herausforderungen deutlich.

Manfred L. Söldner
Depression aus der Kindheit
Familiäre Umwelt und die Entwicklung der depressiven Persönlichkeit
1994. 221 Seiten mit 36 Tabellen, kartoniert. ISBN 3-525-45768-5

Söldner hat die Faktoren in der Eltern-Kind-Beziehung empirisch erkundet, welche die Entwicklung einer depressiven Persönlichkeit bewirken und fördern. Seine Folgerungen sind bedeutsam für die Erziehung, um gezielt vorbeugen zu können, aber auch für die Therapie bei bereits entwickelten depressiven Persönlichkeitszügen.

Stavros Mentzos
Depression und Manie
Psychodynamik und Therapie affektiver Störungen
2. Auflage 1996. 206 Seiten mit 5 Abbildungen und 3 Tabellen, kartoniert. ISBN 3-525-45775-8

Stavros Mentzos erschließt die zirkulare Kausalität krankheitsauslösender Faktoren in seinem integrativen psychosomatischen Modell. Die ausführlichen Behandlungsberichte verdeutlichen seinen therapeutischen Zugang – und seine vielfachen, erstaunlichen Behandlungserfolge.

V&R
Vandenhoeck
& Ruprecht

VANDENHOECK TRANSPARENT

Eine Auswahl.

56: Moses G. Steinvorth
Im Körper zu Hause
Eine bioenergetische Entdek-
kungsreise
1999. ISBN 3-525-01734-0

55: Kurd Stapenhorst
**Unliebsame Betrachtun-
gen zur Transplantations-
medizin**
1999. ISBN 3-525-01733-2

54: Renate Soldan
Angst vorm Zahnarzt
– und wie man sie überwinden
kann
1999. ISBN 3-525-01732-4

53: Hans-Christoph Piper
Kranksein
Erleben und Lernen
1999. ISBN 3-525-01825-8

52: Richard Boeckler
Im Alter Neues beginnen
Verwirklichungen einer Alters-
kultur
1999. ISBN 3-525-01824-X

50: Harry Stroeken
**Psychotherapie und der
Sinn des Lebens**
1998. ISBN 3-525-01731-6

49: Johanna Treichel
Aggression im Alltag
Was inspiriert und was zerstört
1998. ISBN 3-525-01730-8

47: Kurt Lückel
**Gratwanderungen zwi-
schen Sinn und Widersinn**
1998. ISBN 3-525-01821-5

46: Martin Janssen
Laßt mich weinen
Ein Vater trauert um seine
Tochter
1998. ISBN 3-525-01820-7

43: Karin Wilkening
Wir leben endlich
Zum Umgang mit Sterben, Tod
und Trauer
1997. ISBN 3-525-01729-4

42: Jürgen Kriz
**Chaos, Angst und
Ordnung**
Wie wir unsere Lebenswelt
gestalten
1997. ISBN 3-525-01728-6

40: Wolfgang Wiedemann
**Entspannung
für Einsteiger**
Seelische, körperliche und
spirituelle Wege der Streß-
bewältigung
1997. ISBN 3-525-01816-9

39: Hans- H. Fröhlich
**Leben in der
Zweierbeziehung**
Intakte und gestörte Partner-
schaften
1997. ISBN 3-525-01727-8

Jeder Band kartoniert,
ca. 128 Seiten
Fordern Sie unseren Prospekt
VandenhoeckTransparent an!